한국에서 시험치는 일본 대학 입학시험

일본유학시험(EJU)
딱! 이렇게 나온다

日本留学試験問題研究会 編

「일본어 청독해」
실전모의고사

はじめに

2002년도부터 유학생이 일본 대학에 진학할 때의 시험이 새로워졌습니다.

지금까지는 대학 진학시에 「일본어능력시험」과 「외국인사비 유학생통일시험」을 치뤄야 했습니다. 그 제도가 유학생 모두에게 큰 부담이 된다고 하여, 그 부담을 줄이기 위해 시작된 것이 「일본유학시험」입니다.

「일본유학시험」은, 일본어 및 기초 학력을 평가하는 시험으로, 문과 계열은 「일본어」 「종합과목(공민·지리·역사)」 「수학」, 이과 계열은 「일본어」 「이과(물리·화학·생물 중에서 2과목 선택)」 「수학」을 봅니다.

즉, 유학생이 일본의 대학에서 그 대학에 적합한 기초 학력을 갖고 있는지, 그 대학의 수업을 따라갈 수 있는지를 측정하는 것입니다.

일본어는 청해·청독해·독해·기술(400자 정도)의 4영역으로 되어 있습니다.

그 중에서 청독해는 새로운 출제 형식으로 게시물·광고·메모 등의 문자 정보와 표, 그래프 등을 보면서 CD를 듣고 문제를 푸는 것입니다.

「일본유학시험」을 준비하는 분들이 이 청독해라는 새로운 출제 형식에 익숙해지기를 바라며, 이 책을 만들었습니다. 이 책은 실제 시험에 맞추어 1회분 20문, 5회분 100문의 문제로 되어 있습니다. 문제는 대학 생활(수업, 세미나, 캠퍼스 안의 게시물, 서클 활동, 아르바이트, 전철에 타다, 아파트 구하기 등)은 물론, 일본 생활에서의 다양한 장면을 넣어 만들었습니다. CD을 들으며 실제 시험이라고 생각하고 풀어 보세요.

새로운 문제 형식이라고 해서 겁낼 것은 없습니다. 기초적인 일본어가 익숙하다면, 쉽게 해답을 찾을 수 있습니다.

여러분 모두 이 책으로 청독해라는 문제 형식에 익숙해져서, 자신을 갖고 시험에 임할 수 있기를 바랍니다.

2002년 6월
편집자

目　次

はじめに

第1回

*1*番

男の人と女の人が歯医者について話しています。男の人は、どの歯医者に行きますか。

A

山田歯科医院
診察時間：9：00～11：30　1：00～3：00
休　診　日：火・土・日

B

鈴木デンタルクリニック
診察時間：10：00～16：00
（土は13:00まで）
休　診　日：日・月

C

田中歯科
診察時間：9：00～12：00　13：00～15：30
（受付は15:00まで）
休　診　日：木・土・日

D

佐藤歯科医院
診察時間：11：00～20：00
休　診　日：火・土・日

1．A　山田歯科医院
2．B　鈴木デンタルクリニック
3．C　田中歯科
4．D　佐藤歯科医院

*2*番

教授が話しています。学生は、教科書の何ページを開けばいいですか。

1. 34ページ
2. 77ページ
3. 87ページ
4. 96ページ

3番

男の人と女の人が電車の中で話しています。女の人が行きたいのはどの駅ですか。

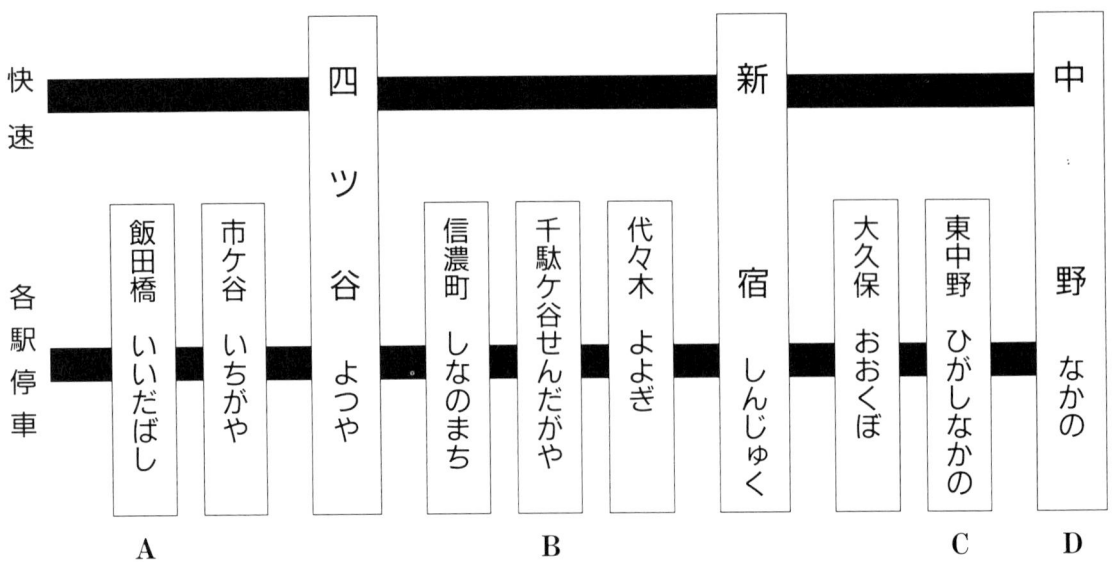

1. A 飯田橋
2. B 千駄ケ谷
3. C 東中野
4. D 中野

4番

男の人と女の人が美術館の入場料について話しています。入場料は全部でいくらになるでしょうか。

```
東都美術館　入館料

大人　　　　　　　　　200 円
子ども（小学生以上）　100 円
学生割引　　　　　　　180 円
　（学生証の提示をお願いします）
団体割引　　大人　　　180 円
　（15 名以上）子ども　90 円
```

1. 580 円
2. 600 円
3. 780 円
4. 800 円

5番

先生がテストについて話しています。学生が正しくとったメモはどれですか。

A

```
テスト


357番教室（いつもと同じ）
持ち込み可
ノート○（友達のコピー×）
本、参考書○
学生証
```

B

```
テスト


注　401番教室
持ち込み可
ノート○（友達のコピーOK）
本、参考書×
学生証
```

C

```
テスト


注　401番教室
持ち込み可
ノート○（友達のコピー×）
本、参考書×
学生証
```

D

```
テスト


357番教室（いつもと同じ）
持ち込み可
ノート○（友達のコピー、OK）
本、参考書×
学生証
```

1. A
2. B
3. C
4. D

*6*番

学生二人が運賃表を見ながら話しています。男の人は、どうやって教授の家に行くことにしましたか。

運賃

| JR 線 | 290 円 | 地下鉄 | 310 円 | 私　鉄 | 390 円 | バ　ス | 290 円 |

1．JR 線
2．地下鉄
3．私　鉄
4．バ　ス

*7*番

学生二人が履修登録の資料を見ながら話しています。男子学生は、どの授業をとることに
しましたか。

	授業科目名	担当者	テキスト	評価方法
A	日本古代史	野村　崇	「概説日本史 1」白氷社	テスト、出席
B	東洋考古学史	橋本裕子	不使用	テスト、出席、レポート
C	中国史概説	岡田秀雄	未定	テスト
D	近世フランス文化史	山本正人	「フランスの歴史」石波書店	レポート、出席

1．A（日本古代史）
2．B（東洋考古学史）
3．C（中国史概説）
4．D（近世フランス文化史）

*8*番

男の人がバス会社の社員と話しています。男の人は、どのバスを予約しましたか。

観光バスの空席状況

	箱根方面	鎌倉方面	横浜方面
ガイドなし(A)	×	○	×
ガイド付　(B)	○	×	×
食事なし　(C)	×	×	△
食事付　　(D)	×	×	○

○：空席あり　×：空席なし　△：多少空席あり

1. A
2. B
3. C
4. D

*9*番

テレビで情報通信機器の普及について解説しています。パソコンの世帯保有率を表すのはA〜Dのどれですか。

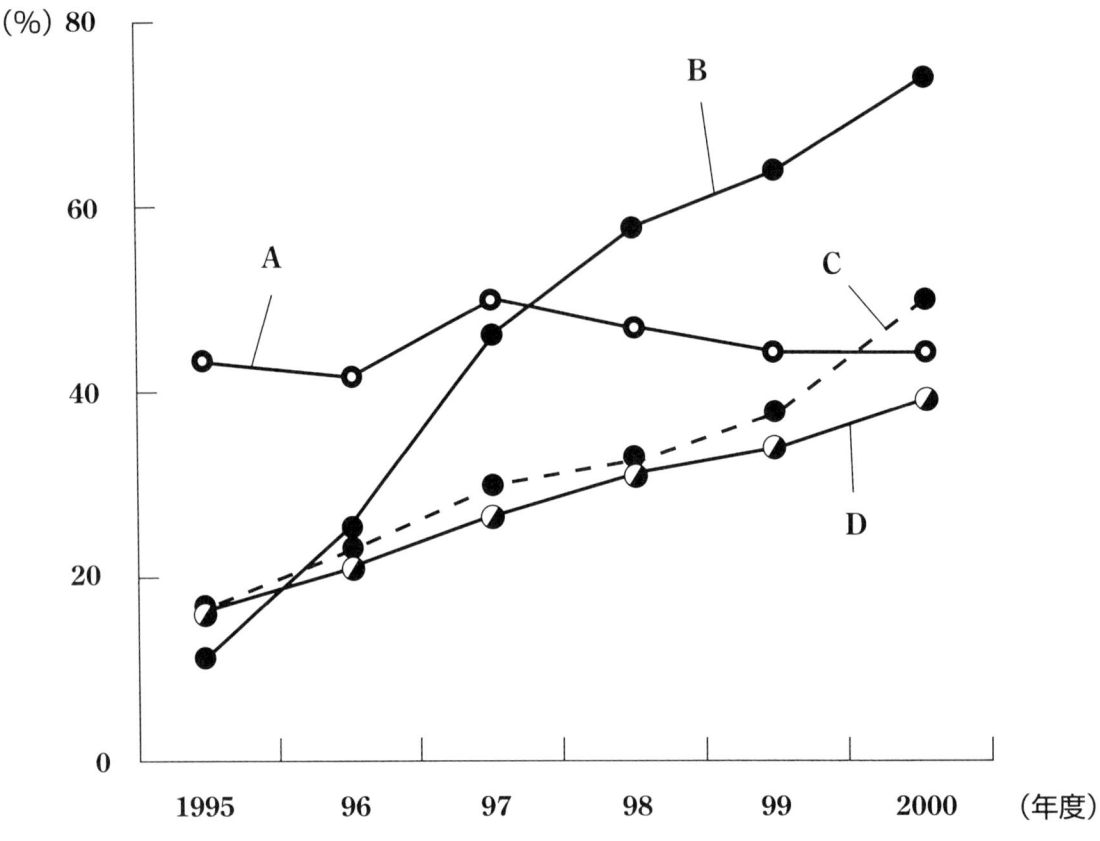

主な情報通信機器の世帯保有率の推移

（「通信利用動向調査」総務省発表、「数字で読む日本人2002」〈自由国民社〉）

1. A
2. B
3. C
4. D

*10*番

学生が学生センターの職員に話を聞いています。学生は、今から何番に電話をかけますか。

財団法人内外学生センター

取扱所・事項・電話番号	業 務 内 容	持 参 品
東京学生生活相談所 アルバイト無料紹介 TEL 03(9951)9105	アルバイトの紹介	学生証 写真1枚(3×2.5 cm)
短期貸付 TEL 03(9951)9105	修学上一時的にお金の工面に困った学生を対象に無利子貸付	
留学生相談コーナー TEL 03(9951)9103	アルバイトの無料紹介 また、特別相談，短期貸付，企業等の見学会，雇用主との交流会などの交流事業も実施	資格外活動許可書 外国人登録証明書 学生証 写真1枚(3×2.5 cm)
東京学生住宅相談所 宿舎の紹介 TEL 03(9359)0631	比較的家賃が安く，学生向きの宿舎を低廉な手数料で紹介	学生証（または身分証明証） 写真1枚(3×2.5 cm)
特別相談 TEL 03(9359)0631	住まいに関する相談	
留学生相談コーナー TEL 03(9359)5597	宿の無料紹介 また,特別相談(住まいに関するもの)，家主との交流会などの実施	外国人登録済証明書 学生証 写真1枚(3×2.5 cm)
東京学生交流会館 TEL 03(9950)7515	日本人学生と外国人留学生とのインターカレッジ寮	定員282名（男子1室1名） 入館費 17,120 円 館 費 16,300 円 共益費 2,500 円

1. 03—9951—9105
2. 03—9951—9103
3. 03—9359—5597
4. 03—9950—7515

11番

先輩が後輩にホールのコントロールパネルの使い方を説明しています。後輩の書いた正しいメモはどれですか。

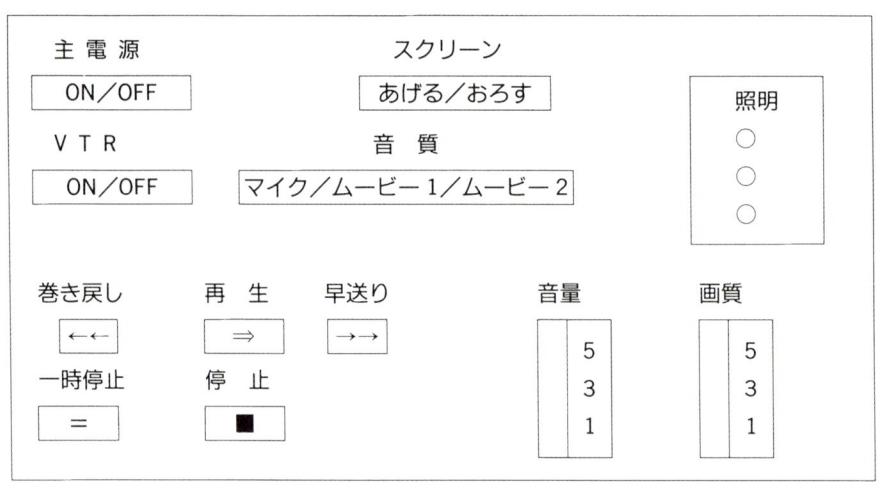

A

① 主電源を ON
② VTR を ON
③ 音質をムービー 1 にする
④ 再生
⑤ 音量を 5 にする
⑥ スクリーンをおろす

B

① 主電源を ON
② VTR を ON
③ 音質をムービー 2 にする
④ 再生
⑤ 音量を 5 にする
⑥ スクリーンをおろす

C

① 主電源を ON
② スクリーンをおろす
③ VTR を ON
④ 音質をムービー 1 にする
⑤ 再生
⑥ 音量を 5 にする

D

① 主電源を ON
② スクリーンをおろす
③ VTR を ON
④ 音質をムービー 2 にする
⑤ 再生
⑥音量を 5 にする

1. A
2. B
3. C
4. D

*12*番

先生が図を示しながら、説明をしています。先生が示している図はどれですか。

1. A
2. B
3. C
4. D

*13*番

女の人と男の人がインターネットのプロバイダーについて、どのコースにするか相談しています。二人はそれぞれどのコースを選びましたか。

```
Aコース…メールのみ          500円
Bコース…メール＋1時間      700円
Cコース…メール＋5時間     1000円
Dコース…メール＋15時間    1300円
Eコース…メール＋30時間    1900円
Fコース…使いたい放題       2900円
```

1. 男：Cコース　女：Cコース
2. 男：Dコース　女：Cコース
3. 男：Cコース　女：Fコース
4. 男：Dコース　女：Fコース

*14*番

道に迷った女性が交番で問い合わせをしています。グリーンハイツというマンションはどこですか。

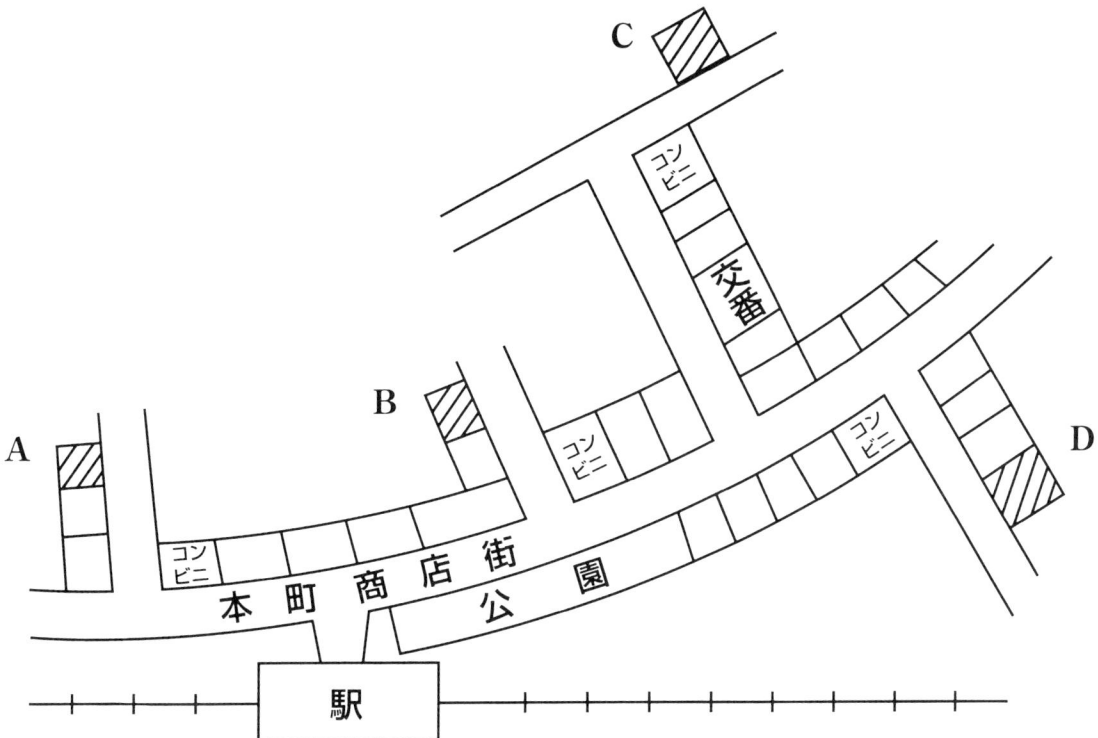

1. A
2. B
3. C
4. D

15番

男の人が雑誌の広告を見ながら、コンサートの予約をしています。男の人は、いくら振り込めばいいですか。

クリスマスコンサートのご案内

A

日本オーケストラ

演奏曲目：クリスマス・オラトリオ
日時：　12月1日（火）、2日（水）　19：00〜
場所：　東京国際ホール
料金：　S　7000円
　　　　A　6000円
　　　　B　5000円

B

新日本合唱団

演奏曲目：クリスマスの賛美歌
日時：　12月19日（土）　19：00〜
場所：　横浜市民会館
料金：　S　5000円
　　　　A　4000円

C

日本フィルハーモニー交響楽団

演奏曲目：ベートーベン交響曲第9番
日時：　12月26日（土）、27日（日）
　　　　19：00〜
場所：　アサヒホール
料金：　S　9000円
　　　　A　7000円
　　　　B　5000円

D

新日本オーケストラ

演奏曲目：アヴェ・マリアほか
日時：　12月19日（土）、20日（日）
　　　　19：00〜
場所：　東京国際ホール
料金：　S　8000円
　　　　A　6500円
　　　　B　5000円

1.　10500 円
2.　14500 円
3.　13500 円
4.　16500 円

*16*番

先輩と後輩がお知らせを見ながら話しています。後輩が直すところはどこですか。

東都大学テニス部**OB・OG**の皆様へ

OB・OG 会のお知らせ

平成 **14** 年 **2** 月 **20** 日

東都大学テニス部　山本　智子

早春の候、いかがお過ごしですか。

いつも厚いご指導、ご支援なさいまして、部員一同心から感謝しております。

　　　　　　　　(A)

さて、今年も下記の通り毎年恒例の**OB・OG**会を開催いたしますので、皆様には

万障お繰り合わせの上、ご出席くださいますようお願いいたします。

　　　　　　(B)

記

日時：**4** 月 **3** 日（日）　午後 **1** 時～**4** 時

場所：東都大学　学生開館　**3** 階会議室

　　　　　　　　(C)

会費：男性 **5000** 円　女性**4000** 円

　　　　　　　　　(D)

以上

---

1. ＡとＣ
2. ＡとＤ
3. ＢとＣ
4. ＢとＤ

*17*番

男の人と女の人が市民講座の案内板を見ています。二人はどの講座に出席することにしましたか。

A | 特別市民講座：「日本の伝統芸能」
・講師：日本文化ジャーナリスト　佐藤　真
・日時：平成 14 年 1 月 15 日（水）13：00〜15：00
・場所：東京都港北区区民館　2F ホール

B | 特別市民講座：「中央政治と地方自治体のいま」
・講師：時事評論家　中山　順
・日時：平成 14 年 1 月 16 日（木）14：00〜16：00
・場所：東京都港北区区民館　2F ホール

C | 特別市民講座：「変革時代の労働市場」
・講師：早明大学経営学部教授　氏家　篤
・日時：平成 14 年 1 月 12 日（月）13：30〜15：30
・場所：東京都港北区区民館　2F ホール

D | 特別市民講座：「中高年の家庭心理について」
・講師：中高年心理研究所所長　山野　正博
・日時：平成 14 年 1 月 15 日（水）15：30〜17：30
・場所：東京都港北区区民館　2F ホール

1. A
2. B
3. C
4. D

*18*番

男の人と女の人が時刻表を見ながら、話しています。二人は、どの電車に乗りますか。

	特急 9 号	特急 11 号	特急 13 号	特急 15 号
新 宿 _{しんじゅく}	8：03	↓	9：40	10：42
東 京 _{とうきょう}	8：30	9：00	10：03	11：03
千葉 _{ちば}	↓	↓	↓	↓
成田空港 _{なりたくうこう}	9：28	9：59	10：59	11：59

1．特急 9 号
2．特急 11 号
3．特急 13 号
4．特急 15 号

19番

男子学生と女子学生がカードを見ながら話しています。女の人が書き直さない項目はどれですか。

名前	中村里美	生年月日	昭和56年4月18日
東西　大学　　文学　部　英文　学科		平成16年3月卒業見込	

A	**志望動機**
	私の実家が喫茶店を営んでおり、以前から接客には関心がありました。就職後は、この経験を生かして、お客様に気持ちよく買い物をしてもらえるような店員になりたいと思います。
B	**自分の性格**
	明るく、面倒見の良い方で、友人の相談にのることもしばしばあります。また、テニスサークルでは部長として後輩達をひっぱってきました。
C	**趣味・サークル活動など**
	大学ではテニスサークルに所属 趣味は美術鑑賞
D	**資格・特技**
	英検2級 普通自動車運転免許

1. A
2. B
3. C
4. D

*20*番

女子学生が文化施設の映像コーナーで職員と話しています。女子学生はどのビデオを観ることにしましたか。

A	かわる行政　〜「復興」から「環境」へ〜	時間：15 分
B	現場からの証言　〜ある地方自治体　40 年のあゆみ〜	時間：110 分
C	21 世紀の地方自治　〜市長に聞く〜	時間：15 分
D	まちづくり事例研究　〜ケース 14〜	時間：60 分

1. A
2. B
3. C
4. D

第2回

*1*番

女の人が男の人に入学試験のことについて、聞いています。女の人は、いつ試験を受けますか。

試験名	一般選抜	特別選抜（推薦・帰国子女・外国人）
願書配布	9月10日　予定	
願書受付	1月25日〜2月3日	1月18日〜21日
試験日	法学部・経済学部　2月25日 文学部・社会学部　2月26日	法学部・経済学部　2月18日 文学部・社会学部　2月19日
合格発表日	3月6日	3月6日
入学手続き	3月14日〜15日	3月26日〜27日

1．2月18日
2．2月19日
3．2月25日
4．2月26日

2番

先生がレポートの書き方について説明しています。学生が書く表紙はどれですか。

A
戦後の経済成長について

0051116
小林正則
2002 年 7 月 8 日

B
戦後の経済成長について

0051116
経済学部 2 年
小林正則
2002 年 7 月 8 日

C
戦後の経済成長について

0051116
小林正則
平成 14 年 7 月 8 日

D
戦後の経済成長について

小林正則
0051116
平成 14 年 7 月 8 日

1. A
2. B
3. C
4. D

*3*番

学生2人が友達にあげる花を選んでいます。2人は、花を買うのにいくら使いましたか。

チューリップ	300 円
バ　ラ	400 円
ゆ　り	450 円
パンジー	200 円
水　仙	250 円
かすみ草	200 円

1.　1700 円
2.　1900 円
3.　2200 円
4.　2400 円

4番

留学生のパクさんが、学生センターの人と下宿の案内を見ながら、話しています。パクさんの希望に合う部屋はどれですか。

下宿の案内

	ブルーハイツ	グリーンハイツ	イエローハイツ	ホワイトハイツ
個室（A）	○	○	○	○
二人部屋（B）	○	○	×	○
家賃（A）	45000	50000	45000	60000
家賃（B）	40000	45000	——	55000
場所（大学まで）	徒歩30分	徒歩20分	徒歩20分	徒歩5分

1. ブルーハイツ
2. グリーンハイツ
3. イエローハイツ
4. ホワイトハイツ

5番

コンサート会場でのアナウンスを聞いてください。このチケットを持っている人は、何番の入り口から入場すればいいですか。

G'Z　LIVE2002

〈主催〉京都テレビ

〈企画制作〉フリーバード　〈後援〉関西新聞

京都アリーナ

2002．7．1（水）

5：00開場　　6：30開演

アリーナ　　　　**M** ブロック　　　　**11** 番　　　　S　¥7000

1.　12番ゲート
2.　14番ゲート
3.　22番ゲート
4.　24番ゲート

*6*番

夫婦が、「ガス工事のお知らせ」を見ながら話をしています。この夫婦はどの地区に住んでいるのでしょうか？

1．西地区
ガス工事のお知らせ
西地区
・ 12月26日 　 午前1時〜4時
・ 12月27日 　 午前2時〜4時

2．東地区
ガス工事のお知らせ
東地区
・ 12月26日 　 午前9時〜12時
・ 12月27日 　 午前0時〜2時

3．北地区
ガス工事のお知らせ
北地区
・ 12月26日 　 午前8時〜11時
・ 12月27日 　 午後4時〜7時

4．南地区
ガス工事のお知らせ
南地区
・ 12月26日 　 午後3時〜6時
・ 12月27日 　 午後0時〜2時

1．　西地区
2．　東地区
3．　北地区
4．　南地区

*7*番

男の人が病院の受付で尋ねています。男の人が今から行く病室は A〜D のどれですか。

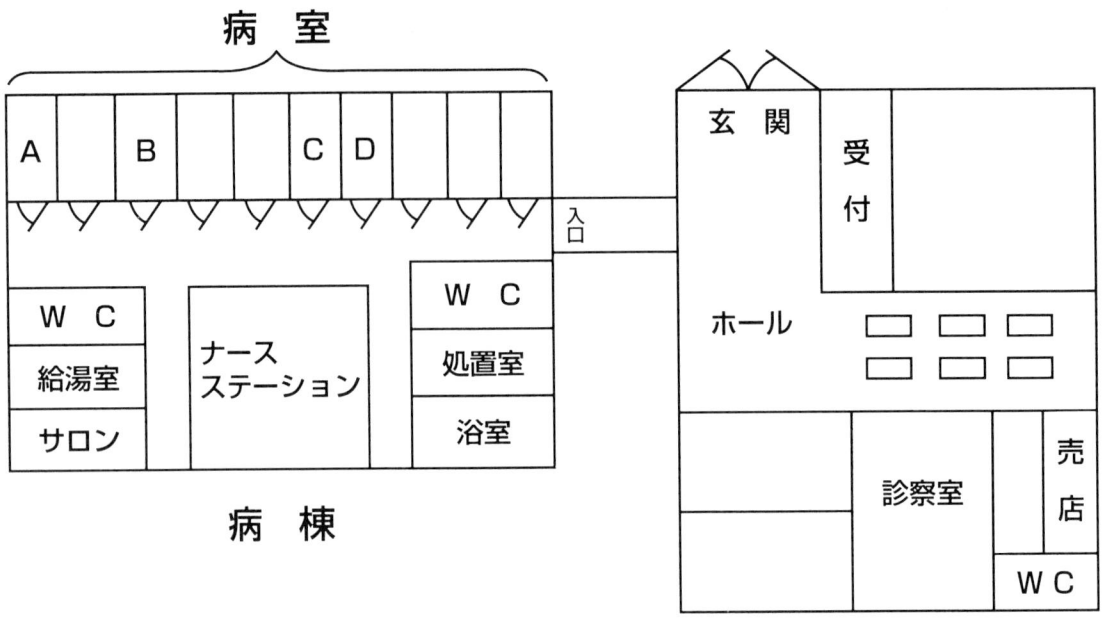

1. A
2. B
3. C
4. D

8番

パクさんが書いた正しい伝言メモはどれですか。

A

```
    大野様よりTEL


    会議延長のため、ご来校は
    17時ごろになるとのこと。


              15：20　パク　受
```

B

```
    小野様よりTEL


    会議延長のため、ご来校は
    17時ごろになるとのこと。


              15：20　パク　受
```

C

```
    大野様よりTEL


    会議延長のため、ご来校は
    16時30分ごろになるとのこと。


              15：20　パク　受
```

D

```
    小野様よりTEL


    会議延長のため、ご来校は
    16時30分ごろになるとのこと。


              15：20　パク　受
```

1. A
2. B
3. C
4. D

9番

女の人が薬屋の店員と話しています。女の人が買う薬はどれですか。

A

1日2回の持続性
バブロン内服液
さむけ・頭痛・鼻水に
眠くならない風邪薬

B

ルルルエース

1日3回
のどの痛み・熱

C

熱・のどの痛みに効く
エスタックイボ
　　　　　　持続性風邪薬
1日2回服用
眠くならない！

D

せき・熱・のどの痛みに
ペラット
朝夜2回服用

1.　A　バブロン内服液
2.　B　ルルルエース
3.　C　エスタックイボ
4.　D　ペラット

*1 0*番

男の人がグラフの説明をしています。ここで話題になっている商品の売り上げを示すグラフはどれですか。

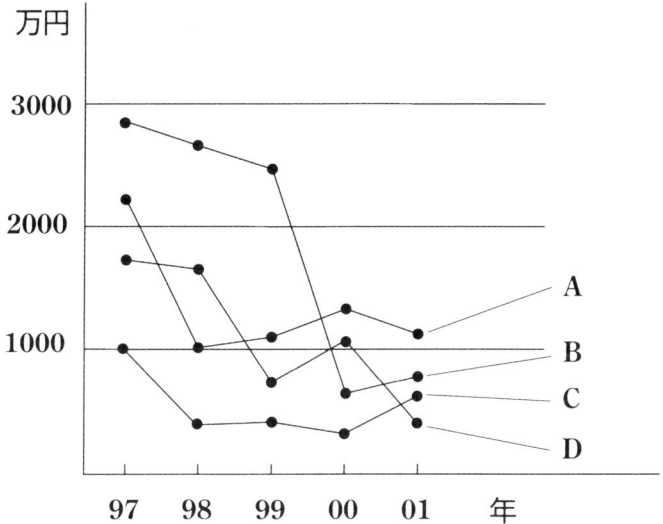

1. A
2. B
3. C
4. D

11番

男の人と女の人が映画館の前で話しています。二人は、どの映画を見ることにしましたか。

アースウォーズ　（A）	9：30　12：00　14：30　17：00 ただいま満席　立見になります
隣家の真実　（B）	10：30　13：00　15：30　18：00 お座りになれます
名犬シロの大冒険　（C）	9：30　11：30　13：30 残席わずかです
もう一つのラブストーリー　（D）	16：00　18：00　20：00 指定席発売中

1．A　アースウォーズ
2．B　隣家の真実
3．C　名犬シロの大冒険
4．D　もう一つのラブストーリー

*12*番

男の人と女の人がさくら台駅から原町駅への行き方を調べています。二人はどのルートで
行くことにしましたか。

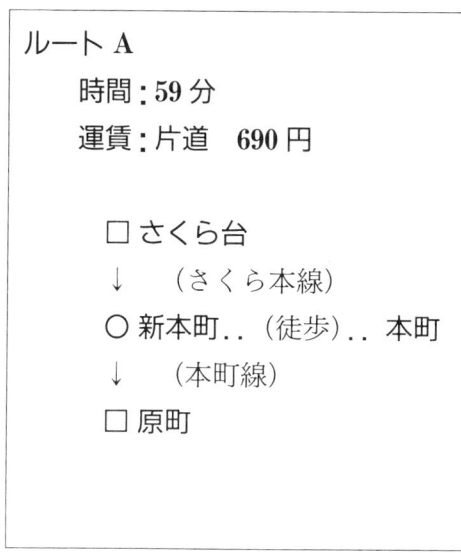

ルート A
　時間：59 分
　運賃：片道　690 円

　　□ さくら台
　　↓　（さくら本線）
　　○ 新本町 .. （徒歩）.. 本町
　　↓　（本町線）
　　□ 原町

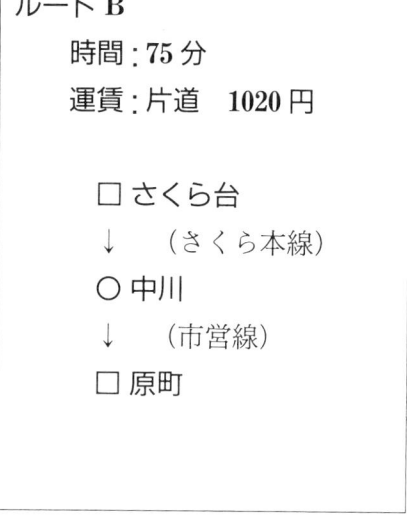

ルート B
　時間：75 分
　運賃：片道　1020 円

　　□ さくら台
　　↓　（さくら本線）
　　○ 中川
　　↓　（市営線）
　　□ 原町

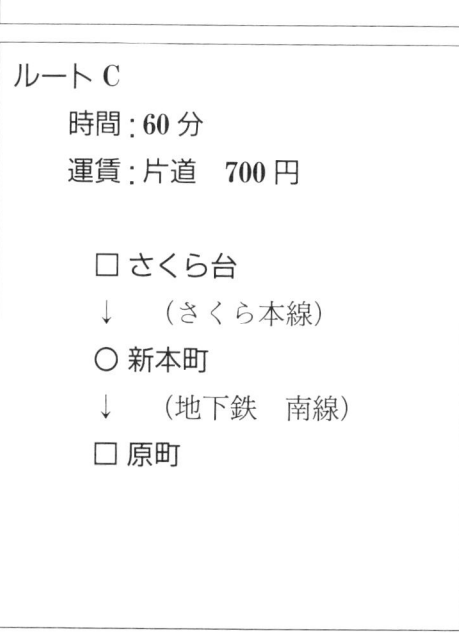

ルート C
　時間：60 分
　運賃：片道　700 円

　　□ さくら台
　　↓　（さくら本線）
　　○ 新本町
　　↓　（地下鉄　南線）
　　□ 原町

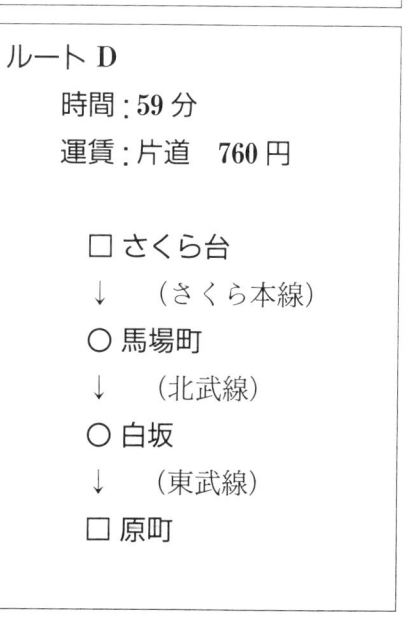

ルート D
　時間：59 分
　運賃：片道　760 円

　　□ さくら台
　　↓　（さくら本線）
　　○ 馬場町
　　↓　（北武線）
　　○ 白坂
　　↓　（東武線）
　　□ 原町

1.　ルート A
2.　ルート B
3.　ルート C
4.　ルート D

*13*番

先生と学生が卒業論文のテーマについて話しています。学生が取るファイルはどれですか。

A	B	C	D
□	□	□	□
平成13年度　卒業論文集	卒業論文題目一覧　昭62〜平3	卒業論文題目一覧　平4〜平12	山田弘ゼミ　卒業者名簿

1. A
2. B
3. C
4. D

*14*番

先生と学生が話しています。学生が書いた漢字はどれですか。

A 専門　　B 専問　　C 専門　　D 専問

1. A
2. B
3. C
4. D

15番

旅行の添乗員が話しています。変更後の明日の予定はどれですか。

A 芦ノ湖遊覧船→オルゴール博物館→昼食→彫刻の森美術館→ガラス作り体験→夕食

B ガラス作り体験→昼食→彫刻の森美術館→オルゴール博物館→夕食

C ガラス作り体験→彫刻の森美術館→昼食→オルゴール博物館→夕食

D オルゴール博物館→昼食→彫刻の森美術館→ガラス作り体験→夕食

1. A
2. B
3. C
4. D

*16*番

二人の学生が研修会のスケジュールについて話しています。二人が見ているスケジュールはどれですか。

A

6／11	6／12
9：00	9：00
講義	講義
12：00	12：00
昼休み	昼休み
13：00	13：00
講義	講義
17：00	17：00
18：00	18：00
夕食	夕食
20：00	20：00
分科会	分科会
22：00	22：00

B

6／11	6／12
9：00	9：00
講義	講義
12：00	12：00
昼休み	昼休み
13：00	13：00
講義	講義
17：00	17：00
18：00	18：00
夕食	夕食
20：00	20：00
講義	カラオケ大会
22：00	22：00

C

6／11	6／12
9：00	9：00
講義	講義
12：00	12：00
昼休み	昼休み
13：00	13：00
講義	講義
17：00	17：00
18：00	18：00
夕食	夕食
20：00	20：00
分科会	カラオケ大会
22：00	22：00

D

6／11	6／12
9：00	9：00
講義	講義
12：00	12：00
昼休み	昼休み
13：00	13：00
講義	講義
17：00	17：00
18：00	18：00
夕食	夕食
20：00	20：00
講義	分科会
22：00	22：00

1. A
2. B
3. C
4. D

17番

男の人と女の人が話しています。男の人が送る郵便小包は、いくらになりますか。

小包郵便物の料金

地帯	名あて地	航空				船便		
		500g まで	500gを超え5kgまで500gごとに	5kgを超え10kgまで500gごとに	10kgを超える1kgごとに	1kg まで	1kgを超え10kgまで1kgごとに	10kgを超える1kgごとに
第1地帯	東アジアほか(韓国、グアム、台湾、中国、マーシャル、ミッドウェイ、モンゴルほか)	円 1,700	円増 350	円増 300	円増 400	円 1,500	円増 250	円増 200
第2地帯	東南アジア・西南アジア(インド、タイ、パキスタン、マレイシアほか)	2,100	600	500	700	1,700	400	300
第3地帯	オセアニア(オーストラリア、ニュー・ジーランドほか) 中近東(イラン、イスラエルほか) 北・中米(米国、カナダ、メキシコほか) ヨーロッパ(英国、ドイツ、フランス、ロシアほか)	2,500	850	750	950	1,800	550	350
第4地帯	アフリカ(エジプト、ケニア、ナイジェリア、南アフリカほか) 南米(ブラジルほか)	3,200	1,400	1,200	1,600	2,200	450	350

1. 1800 円
2. 2500 円
3. 2650 円
4. 3350 円

*18*番

男の人と女の人が通信販売のカタログを見ながら話しています。正しい申し込み番号はどれですか。

かけぶとん		商品番号：69467	しきぶとん		商品番号：69468
10	シングル	9800 円	10	シングル	9800 円
20	セミダブル	10800 円	20	セミダブル	10800 円
30	ダブル	12800 円	30	ダブル	12800 円

※色：01 レッド　　02 グリーン　　03 ブルー　　04 ホワイト

1.　69467—10—01
2.　69467—20—03
3.　69468—10—03
4.　69468—20—01

19 番

男の人が携帯電話会社の店員と話しています。男の人が選んだ料金プランはどれですか。

	月額基本使用料	お好みプラン			
おしゃべりパック L プラン	5,900 円 （無料通話 4500 円分含む）	ビジネスプラン	5:00a.m. 5:00p.m. 5:00a.m.		⇒ A
			15 円/30 秒	30 円/30 秒	
		アフター5プラン	5:00a.m. 5:00p.m. 5:00a.m.		⇒ B
			30 円/30 秒	15 円/30 秒	
		標準プラン	25 円/30 秒		
おしゃべりパック S プラン	3,900 円 （無料通話 2000 円分含む）	ビジネスプラン	5:00a.m. 5:00p.m. 5:00a.m.		⇒ C
			20 円/30 秒	45 円/30 秒	
		アフター5プラン	5:00a.m. 5:00p.m. 5:00a.m.		⇒ D
			45 円/30 秒	20 円/30 秒	
		標準プラン	30 円/30 秒		
もしもし プラン	2,400 円	ビジネスプラン	5:00a.m. 5:00p.m. 5:00a.m.		
			35 円/30 秒	55 円/30 秒	
		アフター5プラン	5:00a.m. 5:00p.m. 5:00a.m.		
			55 円/30 秒	35 円/30 秒	
		標準プラン	45 円/30 秒		

1. A
2. B
3. C
4. D

*20*番

男の人と女の人がコンピューター室の使い方について話しています。女の人が守らなかった規則はどれですか。

コンピュータールームの利用について

[注意事項]

利用の際は次のことに注意してください。

1. 他人に自分のユーザーID及びパスワードを絶対に教えないでください。
- **A** 2. コンピュータールームにあるマニュアルや図書類は同室内で閲覧してください。
- **B** 3. 利用後は、ディスプレイの電源を必ず切ってください。
- **C** 4. 自分の出力用紙は失敗分も含めて各自が持ち帰ってください。
- **D** 5. コンピュータールーム内での飲食・喫煙行為は固く禁じます。

---

1. A
2. B
3. C
4. D

第3回

1番

男の人と女の人が雑誌の星占いを見ています。男の人の星座は何ですか。

星　　座	今 日 の 運 勢	ラッキーカラー
おひつじ座（3/21〜4/19）	車に注意！	ブルー
おうし座（4/20〜5/20）	新しい出会いがありそう♪	紫（むらさき）
ふたご座（5/21〜6/21）	くじを買うと大当りするかも	ブラック
かに座（6/22〜7/22）	パーティーより家で休養を	ホワイト
しし座（7/23〜8/22）	何をやっても大成功！	オレンジ
おとめ座（8/23〜9/22）	忘れ物に注意！	レッド
てんびん座（9/23〜10/23）	食べすぎに気をつけて！	黄緑（きみどり）
さそり座（10/24〜11/22）	だれかからプロポーズされるかも♪	ブラウン
いて座（11/23〜12/21）	ビジネスが好調	ピンク
やぎ座（12/22〜1/20）	大きな買物は慎重に	グレー
みずがめ座（1/21〜2/18）	お酒はほどほどに	イエロー
うお座（2/19〜3/20）	ライバル出現！	グリーン

1．おうし座
2．てんびん座
3．かに座
4．みずがめ座

2番

男の人と女の人がテレビを見ながら話しています。9時半からどの番組を見ますか。

	MHK	MHK 教育	アジア テレビ	SBS	サクラ テレビ	テレビA	テレビT
7:00			プロ野球 中継				
8:00							
			場合により 延長				
9:00	音楽紀行	英会話		サスペンス	ドラマ		アニメ
	料理	スペイン語会話	ニュース			ニュース	
10:00	↑ A		↑ B		↑ C	↑ D	

1. A
2. B
3. C
4. D

*3*番

男の人が配ったプリントについて話しています。みんなが見ているのは、どのプリントですか。

A

> ☆お花見に行こう
>
> 　場所：平成公園
> 　日時：4月1日（土）
> 　集合：新宿駅南口
> 　　　　4：00 a.m.
> 　会費：3000 円(交通費は各自負担)
> 　注意　①ウッテン中止（曇りの場合は、
> 　　　　　田中まで連絡)
> 　　　　②遅れて参加する者は、前もっ
> 　　　　　て連絡

B

> ☆お花見に行こう
>
> 　場所：平成公園
> 　日時：4月1日（土）
> 　集合：新宿駅南口
> 　　　　4：00 p.m.
> 　会費：3000 円(交通費は各自負担)
> 　注意　①ウッテン中止（曇りの場合は、
> 　　　　　田中まで連絡)
> 　　　　②遅れて参加する者は、前もっ
> 　　　　　て連絡

C

> ☆お花見に行こう
>
> 　場所：平成公園
> 　日時：4月1日（土）
> 　集合：新宿駅南口
> 　　　　4：00 a.m.
> 　会費：3000 円(交通費は各自負担)
> 　注意　①雨天中止（曇りの場合は、田
> 　　　　　中まで連絡)
> 　　　　②遅れて参加する者は、前もっ
> 　　　　　て連絡

D

> ☆お花見に行こう
>
> 　場所：平成公園
> 　日時：4月1日（土）
> 　集合：新宿駅南口
> 　　　　4：00 p.m.
> 　会費：3000 円(交通費は各自負担)
> 　注意　①雨天中止（曇りの場合は、田
> 　　　　　中まで連絡)
> 　　　　②遅れて参加する者は、前もっ
> 　　　　　て連絡

1. A
2. B
3. C
4. D

*4*番

男の人と女の人が学園祭のパンフレットを見ながら話しています。二人はどの順番で会場をまわりますか。

	10：00〜	12：00〜	14：00〜	16：00〜
大ホール	シンポジウム	演劇部公演	**TV** ジャパン アナウンサー 小林紀子講演会	オーケストラ部 公演
小ホール	英語劇サークル 公演	スピーチコンテスト	バンド演奏	映画部作品発表
3号館2階	美術部・書道部作品展示			
中庭	売店・出店など			

1. 中庭 ⟶ 大ホール ⟶ 小ホール ⟶ 小ホール
2. 中庭 ⟶ 大ホール ⟶ 小ホール ⟶ 大ホール
3. 中庭 ⟶ 3号館2階 ⟶ 小ホール ⟶ 小ホール
4. 中庭 ⟶ 3号館2階 ⟶ 小ホール ⟶ 大ホール

5番

男の人と女の人が部屋の間取り図を見ています。男の人は、どの部屋がいいと言っていますか。

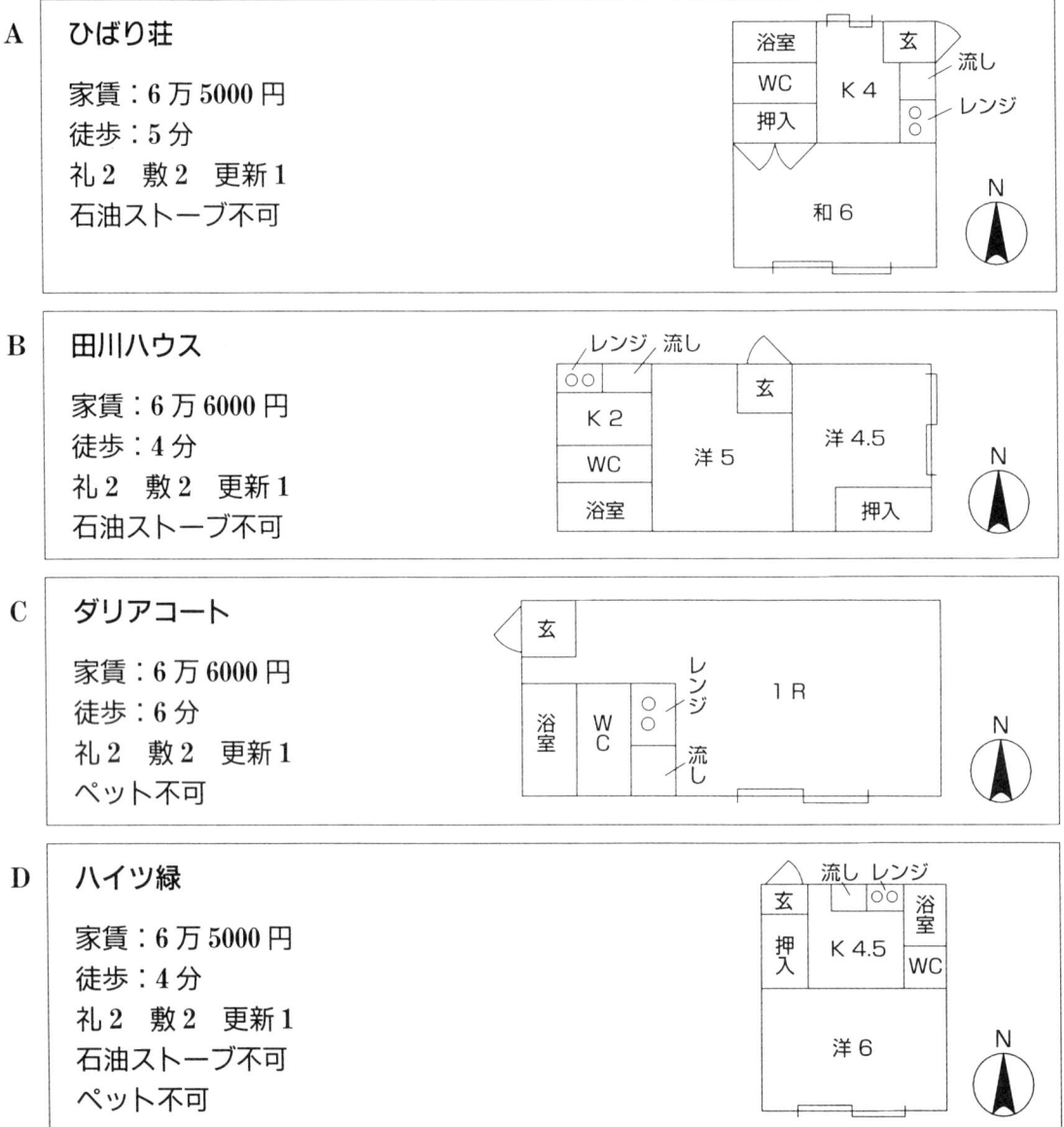

1. A　ひばり荘
2. B　田川ハウス
3. C　ダリアコート
4. D　ハイツ緑

*6*番

男の人がスポーツクラブに入会しようとしています。男の人は、どの会員になることにしましたか。

スポーツクラブ・エース　会員プラン

会員種類	ご利用日	ご利用時間	月会費
レギュラー会員	全日	9：00～23：00	11000 円
学生会員 (中～大学生)	全日	9：00～23：00	9000 円
デイタイム会員	月～金	9：00～17：00	8000 円
ナイト会員	月～金	20：30～23：00	6000 円

1．レギュラー会員
2．学生会員
3．デイタイム会員
4．ナイト会員

7番

女の人がバス発着所で時刻表を見ながら所員と話しています。女の人はどのバスに乗りますか。

平日（新宿行き）									土・休日（新宿行き）					
○01	10	15	○21	30	○39	48	59	**21**	○01	10	21	33	47	○55
○02	10	14	○26	31	38	○47	57	**22**	○02	14	26	38	○47	
○01	11	14	24	○27	39	△53		**23**	○02	10	△20	○31		
○10	15							**0**						

1. 午後11時10分のバス
2. 午後11時53分のバス
3. 午前0時10分のバス
4. 午前0時15分のバス

8番

男の人と女の人が話しています。女の人は何を習うことにしましたか。

短期日本文化体験コース（7月20日～28日）

お茶	月～金（午前）
華道	月～土（午後）
お料理（和食）	月～金（夜）
陶芸	木～土（1日）

1. お茶
2. 華道
3. お料理（和食）
4. 陶芸

*9*番

裕幸君が真理子さんと電話で話しています。裕幸君がとったメモはどれですか。

A

```
      和美ちゃん、誕生パーティー
7月3日
6時　スターベックス

      プレゼント買い（真理子ちゃんと）
4時　渋谷駅
```

B

```
      和美ちゃん、誕生パーティー
6月30日
4時　スターベックス

      プレゼント買い（真理子ちゃんと）
3時　渋谷駅
```

C

```
      和美ちゃん、誕生パーティー
7月3日
4時　スターベックス

      プレゼント買い（真理子ちゃんと）
3時　渋谷　着いたら電話
```

D

```
      和美ちゃん、誕生パーティー
6月30日
6時　スターベックス

      プレゼント買い（真理子ちゃんと）
4時　渋谷　着いたら電話
```

1．A
2．B
3．C
4．D

１０番

男の人が手帳を見ながら、女の人と話しています。二人は、いつ美術展を見にいきますか。

月	火	水	木	金	土	日
				1	2	3
4 経済学 レポート 提出	5	6	7	8 アルバイト	9 サークル練習 アルバイト	10
11	12	13	14	15	16	17

1.　4日（月）
2.　7日（木）
3.　8日（金）
4.　10日（日）

*11*番

ホームページで市民祭りのプログラムを見ながら、学生が話をしています。二人はどの行事に参加申し込みをすることにしましたか。

市民祭り　国際交流フェスティバル　プログラム

・日時：平成 14 年 4 月 3 日（日）
・場所：市立国際文化センター
（申込み方法）
　　＊参加希望者は、市国際交流課にメール又は、はがきでお申込みください。

プログラム
会　場
時　間

　A　日本文化の体験
　　　場所：庭園
　　　時間：10：00〜15：00

　B　国際文化の交流
　　　場所：会議室
　　　時間：13：00〜17：00

　C　外国人のカラオケ大会
　　　場所：ホール
　　　時間：11：00〜15：00

　D　外国人の日本語弁論
　　　場所：第一会議室
　　　時間：10：00〜12：00

1.　A　日本文化の体験
2.　B　国際文化の交流
3.　C　外国人のカラオケ大会
4.　D　外国人の日本語弁論

*12*番

男の人が英会話学校の受付の女性とレッスンの予約について話しています。男の人はどの
クラスを予約しましたか。

銀座校

	5／12	5／13	5／14
17：30	○	×	×
19：00	○	×	×
20：30	×	○	○

上野校

	5／12	5／13	5／14
18：00	×	○	○
19：30	○	○	×
21：00	○	○	○

1. 銀座校　5月13日　20：30
2. 銀座校　5月12日　17：30
3. 上野校　5月13日　18：00
4. 上野校　5月14日　18：00

13番

男の人と女の人が料理の作り方について話しています。男の人が本の通りにしなかったことは何ですか。

★夏野菜のトマトソース・スパゲティ

（材料）（2人分）

にんにく	1片	ツナ	1缶
しいたけ	4個	トマトソース	300g
たまねぎ	小1個	スパゲティ	200g
なす	2本	オリーブオイル	適量
ピーマン	3個	塩・こしょう	少々
ズッキーニ	1／2本		

（作り方）

① 野菜を切って、炒める。

② ツナを入れて、いっしょに炒める。

③ トマトソースを入れて、少し煮る。

④ スパゲティをゆでる。

⑤ ソースの中に、スパゲティを入れて、さっと混ぜる。

（調理時間）

　　30分

---

1. 野菜を切る
2. ツナを入れる
3. トマトソースを入れる
4. スパゲティをゆでる

14番

教授がグラフを見ながら話しています。4つのグラフは、何を示していますか。

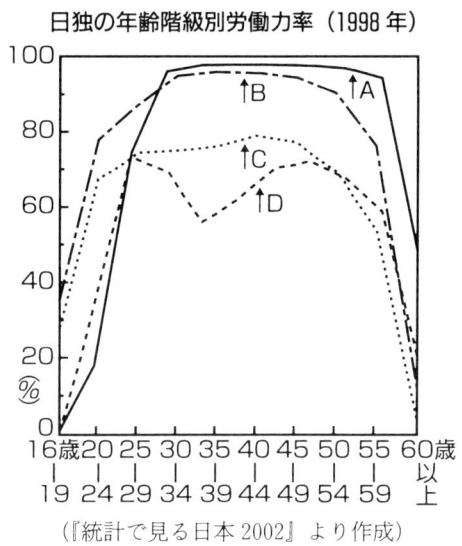

日独の年齢階級別労働力率（1998年）

（『統計で見る日本2002』より作成）

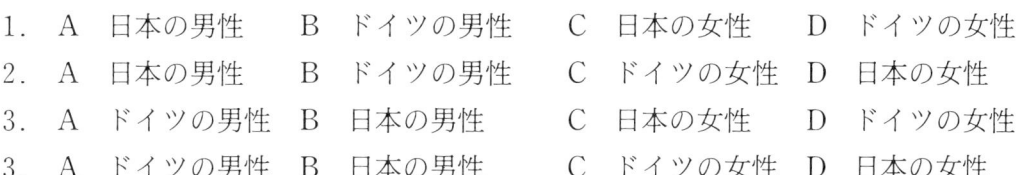

1. A 日本の男性 B ドイツの男性 C 日本の女性 D ドイツの女性
2. A 日本の男性 B ドイツの男性 C ドイツの女性 D 日本の女性
3. A ドイツの男性 B 日本の男性 C 日本の女性 D ドイツの女性
3. A ドイツの男性 B 日本の男性 C ドイツの女性 D 日本の女性

*15*番

男の人が女の人に保健管理センターの場所を尋ねています。保健管理センターはどこです
か。

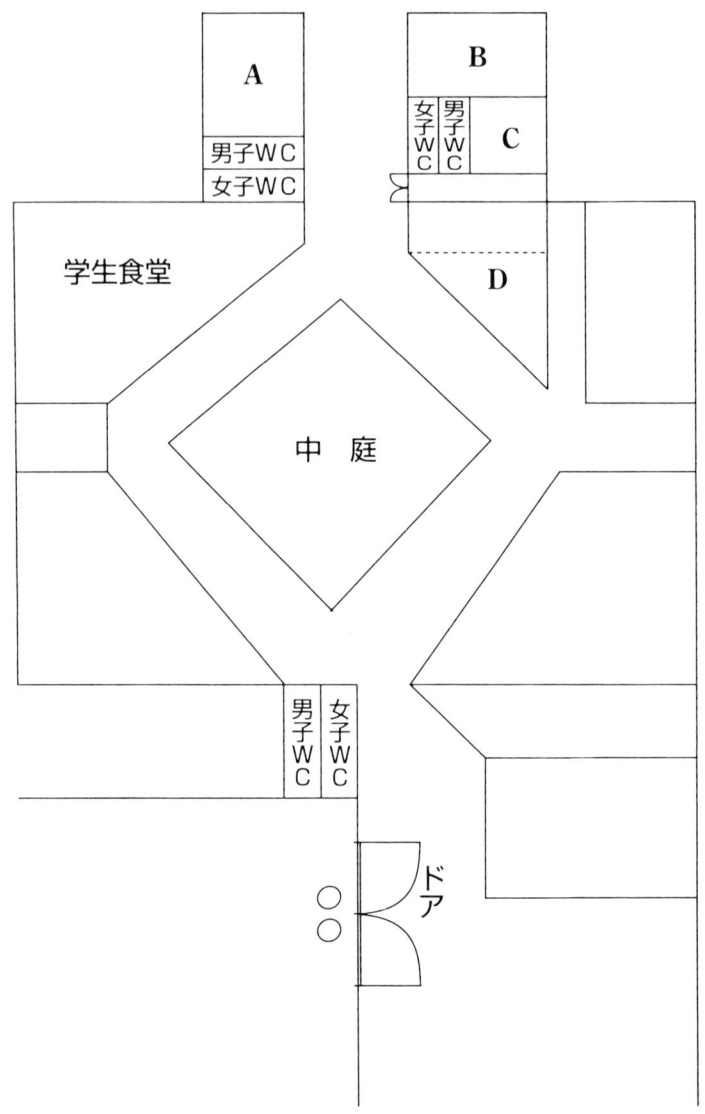

1. A
2. B
3. C
4. D

*16*番

学生二人がアルバイトの広告を見ながら話しています。男子学生は、どこに電話をかけますか。

A
配送スタッフ
勤務地　東京西部、川崎、横浜
勤務時間　8:00～20:00
時給　1500 円
要自動車免許
城西クリーンサービス

B
翻訳アシスタント（臨時募集）
時間：10:00～18:00
勤務日応相談（週3日以上働ける方）
※英検1級以上の方に限ります
時給　1450 円
インタークリエイト

C
印刷・製本作業
勤務時間、給与
① 7:00～15:00　　1700 円
② 15:00～23:00　　1900 円
③ 23:00～7:00　　2100 円
体力に自信がある方
短期（1週間単位）も可
新日本印刷

D
編集スタッフ
求む！　長期バイト
時給　1300 円
将来出版社で働きたいと思っている
あなた！　お金をもらいながら編集
の仕事が覚えられます。

（株）新講出版社

1. A
2. B
3. C
4. D

*17*番

学生が先生に相談しています。先生は、どの本を薦めましたか。

A

B

C

D

1. A
2. B
3. C
4. D

*18*番

男の人と女の人が公園の注意事項を見ながら話しています。二人が見ているのはどれですか。

A

```
注意
・ボールを使った遊びはしないでください。
・ペットの連れ込みはご遠慮ください。
・自転車はサイクリングコースで乗ってください。
・自動車で来た方は、駐車場（有料）をご利用ください。
```

B

```
注意
・池の中に入らないでください。
・ペットの連れ込みはご遠慮ください。
・火を使った遊びはしないでください。
・自動車で来た方は、駐車場（有料）をご利用ください。
```

C

```
注意
・ボールを使った遊びはしないでください。
・池の中に入らないでください。
・自転車はサイクリングコースで乗ってください。
・自動車で来た方は、駐車場（有料）をご利用ください。
```

D

```
注意
・ボールを使った遊びはしないでください。
・ペットの連れ込みはご遠慮ください。
・火を使った遊びはしないでください。
・自動車で来た方は、駐車場（有料）をご利用ください。
```

1. A
2. B
3. C
4. D

*19*番

図書館の端末で男子学生と女子学生が資料にする本を検索しています。二人はどれとどれを見てみることにしましたか。

NO	タ　イ　ト　ル	著者名	出版社名	出版年	状　況
001	日本の住居の歴史〔古代〕	島田健一	平　書店	1961	書架
002	日本の住居の歴史〔中世〕	島田健一	平　書店	1961	書架
003	日本の住居の歴史〔近世〕	島田健一	平　書店	1961	書架
004	日本の住居の歴史〔現代〕	島田健一	平　書店	1961	書架
005	日本の住居の歴史〔古代〕	島田健一	平　書店	1989	書架
006	日本の住居の歴史〔中世〕	島田健一	平　書店	1989	貸出中
007	日本の住居の歴史〔近世〕	島田健一	平　書店	1992	貸出中
008	日本の住居の歴史〔現代〕	島田健一	平　書店	1992	書架
009	にほんのれきしシリーズ「すまい」	佐々木豊子	あかし書店	1993	書架
010	まなぼう　にほんのいえのれきし	三浦すみれ	とんぼ書院	1988	書架
011	見てわかるにほんのすまいのれきし	谷口　順	ひかり社	1997	書架

1.　002 と 010
2.　003 と 011
3.　006 と 010
4.　007 と 011

*20*番

男の人が旅行会社の人と話をしています。男の人はいくら払いますか。

旅行代金

一室利用	A	B	C	D
3名	97,000	131,000	132,000	134,000
2名	98,000	125,000	134,000	137,000
一人部屋 追加代金	24,000	30,000	33,000	35,000

3月

日	月	火	水	木	金	土
					1 C	2 D
3 C	4 C	5 C	6 C	7 C	8 C	9 D
10 D	11 C	12 C	13 C	14 C	15 C	16 D
17 C	18 C	19 C	20 C	21 C	22 C	23 D
24 C	25 C	26 B	27 B	28 B	29 A	30 A
31 A	4／1 A	2 A	3 A	4 A	5 A	6 A

1. 122,000 円
2. 125,000 円
3. 155,000 円
4. 167,000 円

第4回

*1*番

講師が配った資料について話をしています。この表のどこが間違っていると言っていますか。

今後の暮らし向き予想

(%)

	かなりよい	少しよい	変わらない	少し悪い	かなり悪い	わからない
10年前	3	43	51	8	1	3
今回	4	24	34	65	26	8

A は「少しよい」の 10年前 43 を指す
B は「少しよい」の 今回 24 を指す
C は「少し悪い」の 10年前 8 を指す
D は「少し悪い」の 今回 65 を指す

1. AとC
2. AとD
3. BとC
4. BとD

*2*番

息子と母親がデパートで話しています。二人は今どこにいますか。

7	レストラン街	
6	書籍・文具　電気製品	
5	子ども服　玩具　宝飾　美術	簡易郵便局
4	インテリア　食器　寝具　家庭用品	
3	紳士服　紳士雑貨	カフェ
2	婦人服　婦人靴　ハンドバッグ	
1	婦人服飾雑貨　化粧品	インフォメーション
B1	生鮮　惣菜　和洋菓子　酒	
B2	駐車場	

1. 7階
2. 6階
3. 5階
4. 1階

3番

留守番電話を聞いて、メモを取りました。正しいメモは、どれですか。

A

```
加藤さん
2日〜3日
札幌パークホテル
011—511—3311
```

B

```
加藤さん
2日〜3日
札幌パークホテル
011—511—3131
```

C

```
加藤さん
2日〜4日
札幌パークホテル
011—511—3311
```

D

```
加藤さん
2日〜4日
札幌パークホテル
011—511—3131
```

1. A
2. B
3. C
4. D

*4*番

姉と弟が地図を見ながら、４月から住む部屋について話しています。弟はどこで部屋を探すことにしましたか。

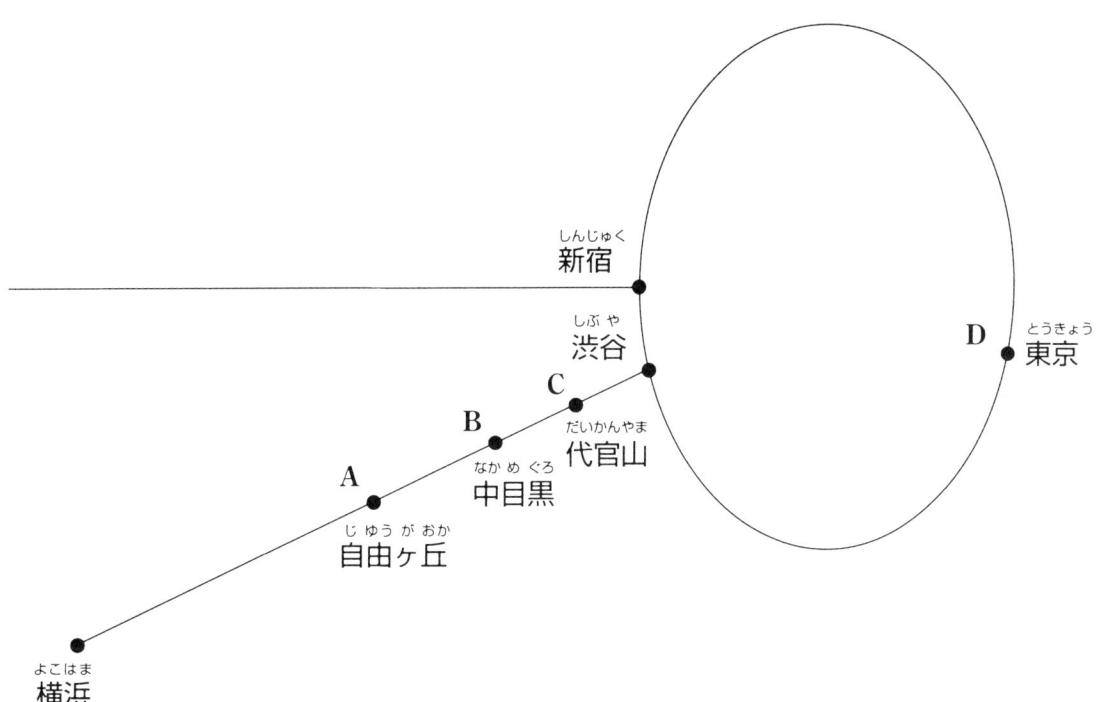

1. Ａ　<ruby>自由ヶ丘<rt>じ ゆう が おか</rt></ruby>
2. Ｂ　<ruby>中目黒<rt>なか め ぐろ</rt></ruby>
3. Ｃ　<ruby>代官山<rt>だいかんやま</rt></ruby>
4. Ｄ　<ruby>東京<rt>とうきょう</rt></ruby>

5番

二人の学生が旅行会社でパンフレットを見ながら夏休みの旅行について話をしています。二人はどこへ行くことにしましたか。

A | 北海道2泊3日の旅

札幌・小樽・函館めぐり　　費用：43,000円
海の幸うまいものづくしの旅・カニ食べ放題

B | 四国4県の旅

船で行く四国めぐり　　　費用：75,000円
ホエールウォッチングの旅

C | 2泊3日九州の旅

博多・長崎・鹿児島めぐり　費用：35,000円
温泉で過ごす3日間　　地獄の湯めぐり

D | 近畿三都めぐり2泊3日

京都・大阪・神戸めぐり
費用：29,800円
古都・文化財めぐりの旅

1. A
2. B
3. C
4. D

*6*番

男の人と女の人がイベント会場の入り口でスケジュールの表を見ながら話しています。二人が行くイベントはどれですか。

お正月のつどいプログラム

主催：○○区国際交流協会

	イ　ベ　ン　ト	開　催　時　間	参加費
A	着付体験教室（予約者に限る）	10：00～16：00	300 円
B	書き初め教室（時間交代制）	10：00～17：00	200 円
C	たこあげコンテスト（雨天中止）	11：00～13：00	500 円
D	もちつき大会（もち食べ放題）	11：00～13：00	500 円
E	かるた大会（優勝者にプレゼント有）	14：00～16：00	無　料

1. ＢとＥ
2. ＤとＥ
3. ＡとＢとＥ
4. ＡとＤとＥ

7番

男の人と女の人が話しています。二人がこれから行く映画館はどれですか。

	映画館	タイトル	席数	上映開始時間		
A	シネマ新宿	大逃亡	810	11：45	15：15	18：45
	新宿映画館	バケットモンスター	152	11：30	15：00	18：30
B	新宿シリウス座	最後のラブレター	420	11：40	14：45	17：50
	シアター新宿	小説家の夢	735	11：30	14：30	17：30
C	新宿ミラノ座	大逃亡	238	11：50	15：20	18：50
D	ピカデリー新宿	最後のラブレター	887	11：20	14：25	17：30

1．A　シネマ新宿
2．B　新宿シリウス座
3．C　新宿ミラノ座
4．D　ピカデリー新宿

8番

二人の学生が引っ越しについて、話しています。男の学生は、どのコースに決めましたか。

A エコノミーコース（運転手1）　2万円
　　・できるだけ節約したい方
　　・ご自分で荷物を運んでもいい方

B レギュラーコース（運転手1、作業員1）3万円
　　・ご自分で荷造り、荷解きをしたい方
　　・荷物を運ぶのが大変な方

C らくらくコース（運転手1、作業員3）5万円
　　・いそがしくて、荷造り、荷解きの時間がない方

D おまかせコース（運転手1、作業員4）6万円
　　・荷造り、荷解きはもちろん、お掃除、整理もお手伝い

1．A　エコノミーコース
2．B　レギュラーコース
3．C　らくらくコース
4．D　おまかせコース

9番

女の人が本屋の店員と話しています。女の人はどの問題集を買いますか。

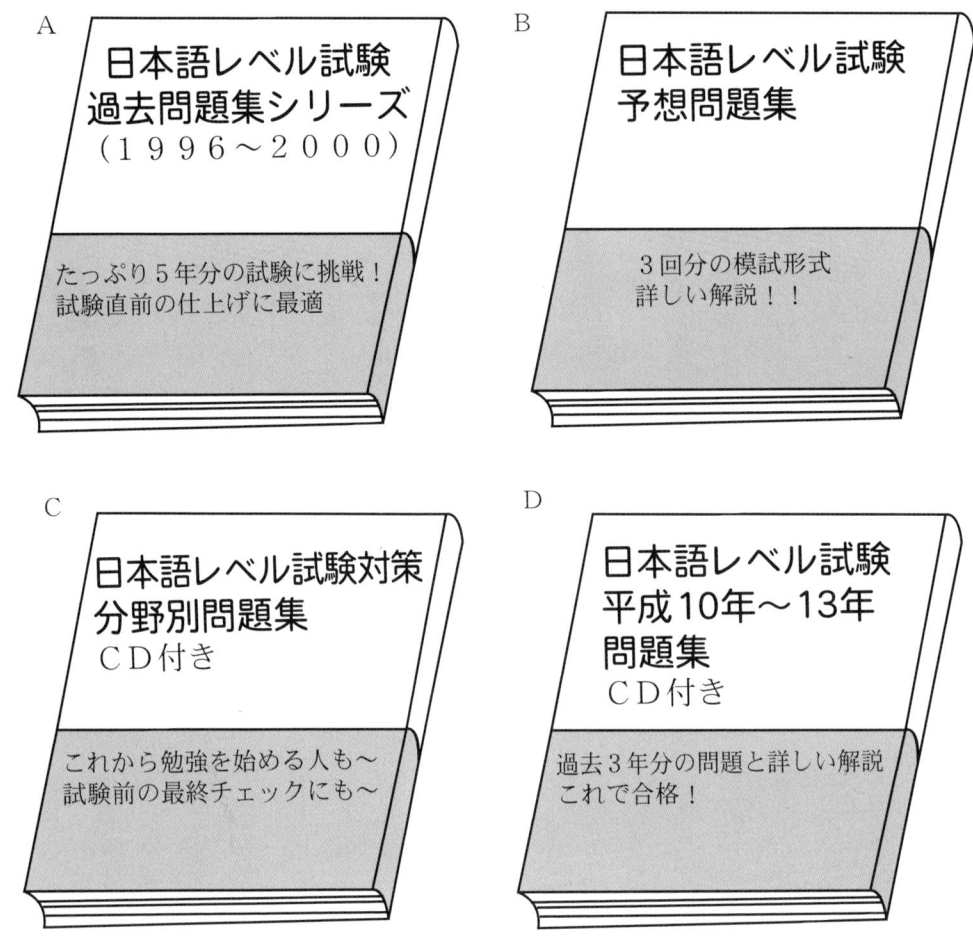

A 日本語レベル試験
過去問題集シリーズ
（1996～2000）

たっぷり5年分の試験に挑戦！
試験直前の仕上げに最適

B 日本語レベル試験
予想問題集

3回分の模試形式
詳しい解説！！

C 日本語レベル試験対策
分野別問題集
ＣＤ付き

これから勉強を始める人も～
試験前の最終チェックにも～

D 日本語レベル試験
平成10年～13年
問題集
ＣＤ付き

過去3年分の問題と詳しい解説
これで合格！

1. A
2. B
3. C
4. D

*10*番

先生がグラフを使って講義をしています。魚を表すのは A〜D のどれですか。

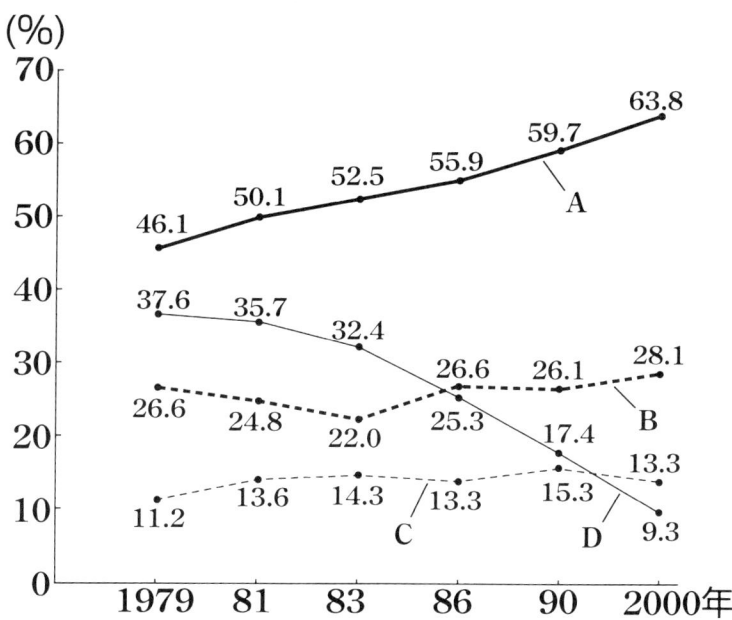

飼っているペットの種類

(%)

- A: 46.1 → 50.1 → 52.5 → 55.9 → 59.7 → 63.8
- 37.6 → 35.7 → 32.4 → 25.3 → 17.4 → 9.3
- B: 26.6 → 24.8 → 22.0 → 26.6 → 26.1 → 28.1
- C / D: 11.2 → 13.6 → 14.3 → 13.3 → 15.3 → 13.3

1979　81　83　86　90　2000年

(動物愛護に関する世論調査〈旧総理府〉「数字で読む日本人 2002」〈自由国民社〉)

1. A
2. B
3. C
4. D

11番

スミスさんと山本さんがインターネットで野球の試合のチケットの発売状況を見ながら話しています。二人は、どの席のチケットを予約することにしましたか。

指定席　S	5,900 円	○
指定席　A	3,700 円	△
指定席　B	2,300 円	×
外野指定席	2,000 円	○
自由席（大人）	1,200 円	○

○：空席あり 10 席以上

△：空席 10 席
　　　以下

×：満席

1. S 席
2. 指定席 A
3. 外野指定席
4. 自由席

12番

リンさんが先輩と話しながら、ノートに漢字の読み方を書いています。今、リンさんのノートは、どうなっていますか。

A

春　雨：はるさめ
時　雨：しぐれ
五月雨：つ　ゆ
梅　雨：つ　ゆ
氷　雨：ひさめ

B

春　雨：はるさめ
時　雨：しぐれ
五月雨：さみだれ
梅　雨：つ　ゆ
氷　雨：ひさめ

C

春　雨：はるさめ
時　雨：ひさめ
五月雨：つ　ゆ
梅　雨：つ　ゆ
氷　雨：しぐれ

D

春　雨：はるさめ
時　雨：ひさめ
五月雨：さみだれ
梅　雨：つ　ゆ
氷　雨：しぐれ

1．A
2．B
3．C
4．D

*13*番

男子学生と女子学生が食堂の券売機の前で相談しています。二人は合計でいくら買いましたか。

1. 880 円
2. 930 円
3. 950 円
4. 990 円

*14*番

男子学生が図書館のカウンターで話しています。男子学生は、これからどこへ行きますか。

区　　分		配　　置
新聞	当　　日	1階新聞閲覧室の閲覧台
	当　月　分	1階新聞閲覧室の新聞ロッカー
	縮　刷　版	2階閲覧室
雑誌	最近1年分　和	2階閲覧室・雑誌ロッカー
	最近1年分　洋	2階閲覧室
	バックナンバー　和	1階閲覧室
	バックナンバー　洋	地下1階書庫

1．2階閲覧室
2．地下1階書庫と1階新聞閲覧室
3．1階閲覧室と2階閲覧室
4．地下1階書庫と2階閲覧室

１５番

女の人と男の人がゴミの収集日カレンダーを見ながら話しています。今日は何日ですか。

ゴミ収集日カレンダー　　　**９月**

日	月	火	水	木	金	土
	1	2	3	4	5	6
	燃えるゴミ	燃やせないゴミ	古新聞・ぼろ布	燃えるゴミ	びん・缶	休
7	8	9	10	11	12	13
休	燃えるゴミ	燃やせないゴミ	古新聞・ぼろ布	燃えるゴミ	びん・缶	休
14	15 祝日	16	17	18	19	20
休	休	燃えるゴミ	古新聞・ぼろ布	燃えるゴミ	びん・缶	休
21	22	23 祝日	24	25	26	27
休	燃えるゴミ	休	燃やせないゴミ	燃えるゴミ	びん・缶	休
28	29	30				
休	燃えるゴミ	燃やせないゴミ				

1．９月16日
2．９月17日
3．９月22日
4．９月24日

*16*番

教授がお酒の酔いのタイプに関するテストの話をしています。教授自身は、どのタイプに入りますか。

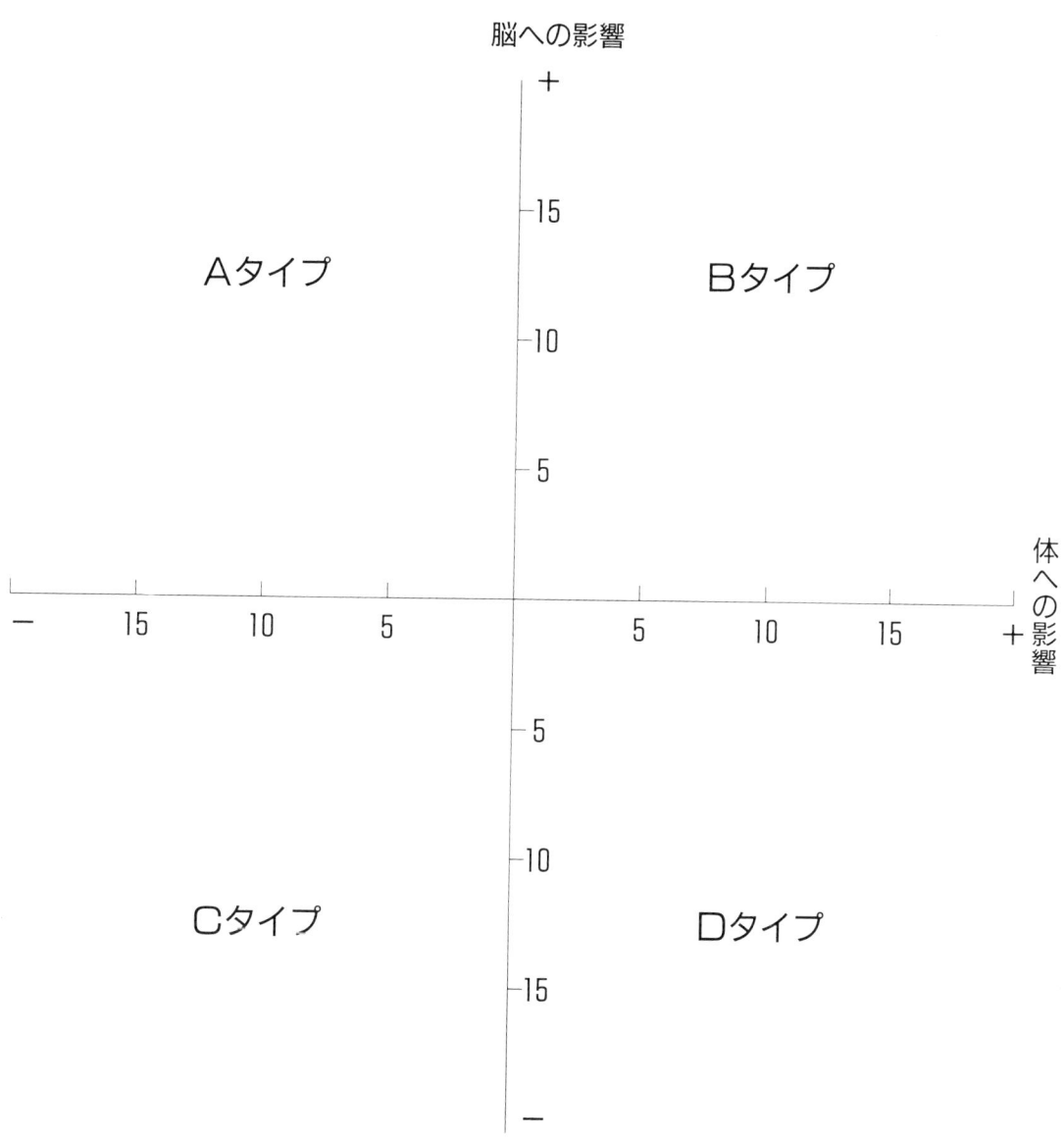

1. Aタイプ
2. Bタイプ
3. Cタイプ
4. Dタイプ

*17*番

男の人と女の人が話しています。講演会が行われるのはどの建物ですか。

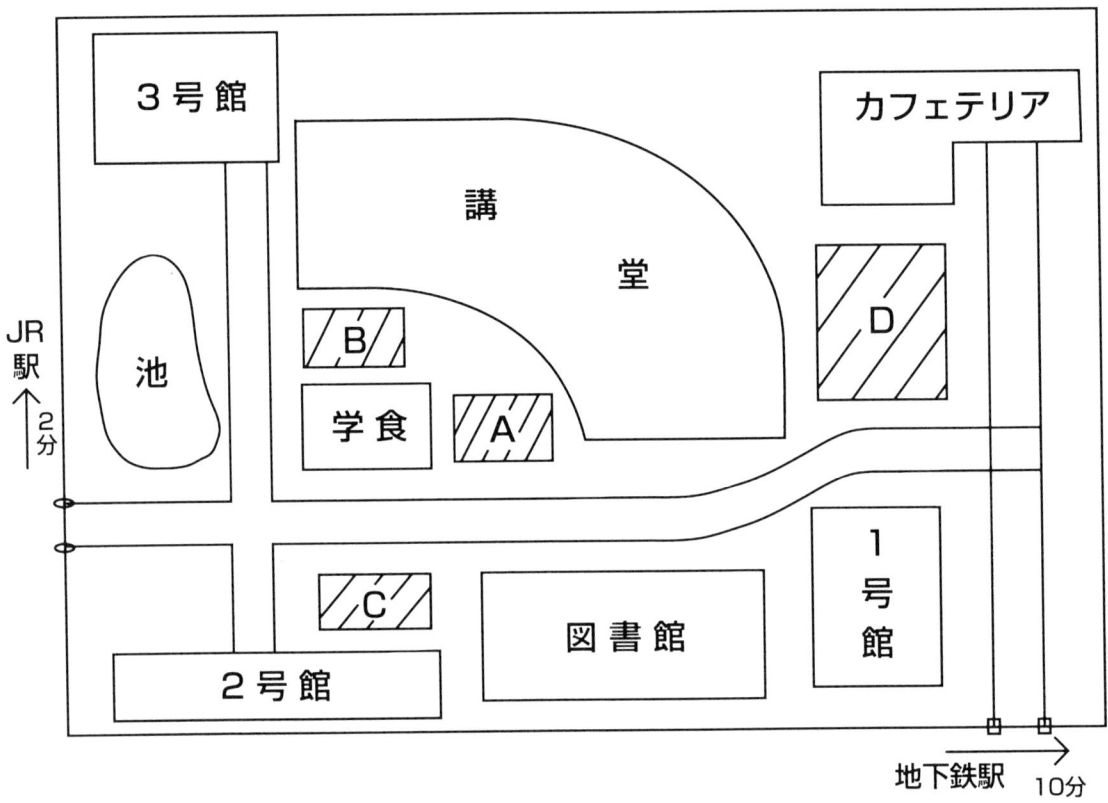

1. A
2. B
3. C
4. D

*18*番

男子学生と女子学生が奨学金のお知らせを見ながら話しています。女子学生は、どの奨学金に申し込みますか。

A

アジア友好財団	
対　　　象	私費外国人留学生で大学の1・2年に在籍するタイとインドネシアの学生
奨 学 金	月額7万円（1年）
採用人数	30名
応募方法	実施団体に申し込む
応募期間	20XX年3月下旬～5月上旬
問 合 せ	03—3219—25XX

B

日本留学生育英協会奨学金	
対　　　象	大学院の修士課程・または博士課程に在籍するもの
奨 学 金	月額12万円（2年間）
採用人数	2名
応募方法	学校を通じて申し込む
応募期間	20XX年2月18日～4月10日
問 合 せ	03—5970—78XX

C

朝日クラブ奨学金	
対　　　象	大学の学部2年以上に在籍するもの
奨 学 金	月額10万円（2年間）
採用人数	若干名
応募方法	実施団体に申し込む
応募期間	20XX年3月1日～4月30日
問 合 せ	03—5608—53XX

D

国際留学協会	
対　　　象	大学の学部、大学院の修士、博士課程に在籍するもの。35歳未満
奨 学 金	3万円（1年間）
人　　　数	100名
応募方法	学校を通じて申し込む
応募期間	20XX年4月10日～6月30日
問 合 せ	03—5386—00XX

1．A 　　2．B 　　3．C 　　4．D

*19*番

二人の学生がゼミ合宿について話しています。合宿はどこですることになりましたか。

A

> ### セミナーハウス　すわ
>
> 講義室2　　研修室5　　体育館1　　食堂1　　収容人数45
> 海抜800mの高原に建つ、最も新しい研修所。浴室の湯は温泉です。
> 本学からの交通：電車で2時間半

B

> ### 大島研修センター
>
> 講義室1　　研修室5　　グランド1　　食堂1　　収容人数40
> センターの前には美浜海水浴場が広がり、海水浴、釣りなどが楽しめます。
> 本学からの交通：東京港から船で4時間半

C

> ### 十和田温泉セミナーハウス
>
> 講義室2　　研修室7　　体育館1　　食堂1　　収容人数60
> スキーが楽しめる、自然に囲まれた研修施設です。（※6月～10月は改装工
> 事のため、利用できません）　本学からの交通：電車で6時間

D

> ### 厚木学術研修所
>
> 講義室3　研修室10　体育館1　グランド1　食堂2　収容人数150
> 最も充実した設備を誇る研修所。様々な使い方ができます。
> 本学からの交通：電車で30分

1. A
2. B
3. C
4. D

*20*番

学生が先生の講義を聞きながら表を見ています。この表から何がわかりますか。

	1月	2月	3月	4月	5月	6月	7月	8月	9月	10月	11月	12月	1年間
昭和15〜昭和45	59	58	60	66	71	76	77	76	77	75	69	65	69
昭和46〜平成12	50	52	55	62	65	72	74	72	72	67	61	54	63

1. 東京は空気が汚れてきている。
2. 東京は空気が乾いてきている。
3. 東京の空気中の水分が増えてきている。
4. 東京の気温が下がってきている。

第5回

*1*番

女の人が不動産屋の人と話しています。女の人はどの部屋の資料を見せてもらいますか。

	駅までの所要時間	家賃	管理費	階
A	徒歩5分	65,000	3,000	3／4
B	徒歩8分	68,000	——	1／4
C	徒歩3分	70,000	2,000	3／3
D	徒歩20分	58,000	——	1／2

1. A
2. B
3. C
4. D

2番

留学生のチンさんとパクさんが、メモを見ながら話しています。パクさんは、教科書を買うのに、いくら必要ですか。

●教科書

・「憲法概論」　　　　2,200 円
・「憲法概説」　　　　3,200 円
・「民法雑記帳①」　　1,600 円
・「民法雑記帳②」　　1,800 円
・「民法雑記帳③」　　1,700 円

---

1. 1700 円
2. 3900 円
3. 4800 円
4. 4900 円

3番

教授がレポートの書き方について、説明しています。参考文献は、どのように書けばいい
ですか。

D	C	B	A
朴正子（一九九九）「日韓動詞比較研究」『日本語科学三号』国書刊行社	朴正子（一九九九）「日韓動詞比較研究」国書刊行社「日本語科学三号」	朴正子（1999）「日韓動詞比較研究」『日本語科学三号』国書刊行社	朴正子（1999）「日韓動詞比較研究」国書刊行社「日本語科学三号」

1. A
2. B
3. C
4. D

*4*番

女の人がファーストフード店で注文しています。女の人は、いくら払いましたか。

メニュー	
ハンバーガー	210 円
チーズバーガー	240 円
サラダ	180 円
コーヒー	250 円
オレンジジュース	300 円
コーラ	250 円
A セット	400 円
（ハンバーガー、お好きなお飲み物）	
B セット	500 円
（ハンバーガー、サラダ、お好きなお飲み物）	

1．390 円
2．400 円
3．500 円
4．640 円

*5*番

男の人と女の人がどの車両に乗るかについて話しています。二人はどの車両に乗りますか。

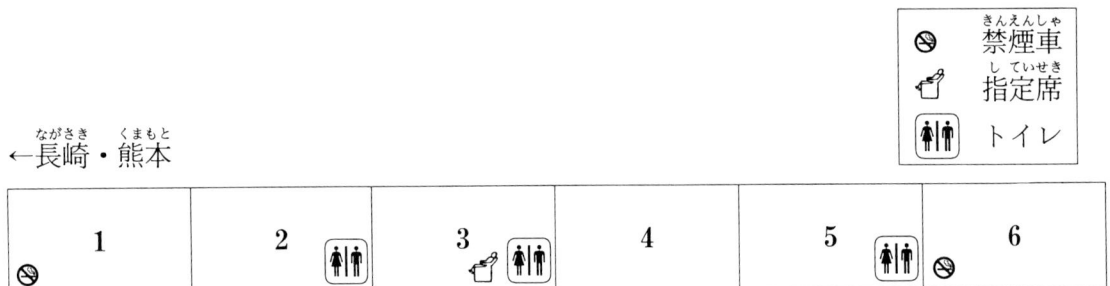

1. 1両目
2. 2両目
3. 4両目
4. 5両目

6番

女の人が男の人にお茶を買ってきてくれるように頼んでいます。男の人がとったメモはどれですか。

A
緑茶 100 g
ウーロン茶 200 g

B
緑茶 100 g
ジャスミン茶 200 g

C
緑茶 200 g
ウーロン茶 200 g

D
緑茶 200 g
ジャスミン茶 200 g

1. A
2. B
3. C
4. D

7番

学生二人がどの講義をとるか話し合っています。二人は、どの講義を履修しますか。

講義内容概要

	時間	担当	内容
コミュニケーション論 A	月・4	原	声、顔の表情、話し方、言葉の選び方などの研究を通し、「自己表現のテクニック」を学び、円滑なコミュニケーションとは何かを考える。
コミュニケーション論 B	水・1	谷口	テレビや新聞などのマスコミが社会にどのような影響を与えているかを考え、今後のメディアのあり方を探る。
コミュニケーション論 C	木・3	山田	コミュニケーションの手段としての言語、その理解の過程を通し、言語と人間の心理の関係を考える。
コミュニケーション論 D	土・2	村上	異文化コミュニケーションについてのエッセイを教材にコミュニケーションに関する知識の習得を目的とする。

1. 男：コミュニケーション論 C　　女：コミュニケーション論 B
2. 男：コミュニケーション論 C　　女：コミュニケーション論 A
3. 男：コミュニケーション論 D　　女：コミュニケーション論 B
4. 男：コミュニケーション論 D　　女：コミュニケーション論 A

8 番

男の人と女の人が新聞の記事を見ながら話しています。二人が見ている表は、どれですか。

A

1位	外食
2位	ドライブ（日帰り）
3位	旅行（1泊以上）
4位	カラオケ
5位	ビデオ鑑賞
6位	音楽鑑賞

B

1位	外食
2位	旅行（1泊以上）
3位	ドライブ（日帰り）
4位	カラオケ
5位	ビデオ鑑賞
6位	音楽鑑賞

C

1位	外食
2位	ドライブ（日帰り）
3位	旅行（1泊以上）
4位	カラオケ
5位	音楽鑑賞
6位	ビデオ鑑賞

D

1位	外食
2位	旅行（1泊以上）
3位	ドライブ（日帰り）
4位	カラオケ
5位	音楽鑑賞
6位	ビデオ鑑賞

（レジャー白書「数字で読む日本人 2002」〈自由国民社〉より）

1. A
2. B
3. C
4. D

*9*番

男子学生と大学の職員がこれからどうするかについて話しています。学生はこれからどのような順序で行動しますか。

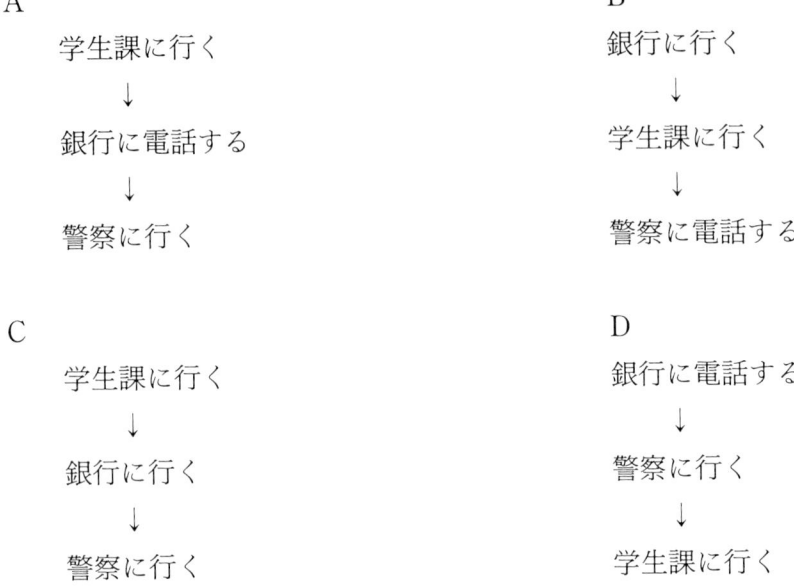

A
 学生課に行く
  ↓
 銀行に電話する
  ↓
 警察に行く

B
 銀行に行く
  ↓
 学生課に行く
  ↓
 警察に電話する

C
 学生課に行く
  ↓
 銀行に行く
  ↓
 警察に行く

D
 銀行に電話する
  ↓
 警察に行く
  ↓
 学生課に行く

1. A
2. B
3. C
4. D

*10*番

学生二人がアルバイトの広告を見ながら話しています。男の学生は、どこに電話をかけますか。

A

ホール

20：00〜4：00 a.m.

時給　1400 円

居酒屋・白本屋

電話　3452—1211

B

ウエーター・ウエートレス

17：00〜24：00

時間応相談　土日にできる方

時給　900 円

焼肉の店・安楽館

電話　044—187—0246

C

ウエートレス

11：00〜22：00（6 時間以上働ける方）

時給　850 円（食事付き）

レストラン・ドルフィンズ

電話　5123—9234

D

配達

15：00〜24：00（4 時間以上）

時給　1200 円

オートバイの免許のある方

ピザハウス

電話　4781—3124

1．A
2．B
3．C
4．D

*11*番

男の人と女の人がガイド・ブックを見ながらハイキングのルートを選んでいます。二人は上り下りそれぞれ、どのルートを行くことにしましたか。

ルート A…らくらくハイキングコース

　　　　なだらかな坂なのでお年寄りやお子様でも大丈夫です。

　　　所要時間：4 時間

ルート B…みどりの牧場コース

　　　　牛や馬がのんびり草をはむ牧場を通り抜けます。

　　　所要時間：2 時間

ルート C…四季折々の花が美しいコース

　　　　花畑が道の左右に広がり、目を楽しませてくれます。

　　　所要時間：3 時間

ルート D…登山気分のハッスルコース

　　　　かなり急な山道あり。いい汗をかきたい方向きです。

　　　所要時間：4 時間

---

1. 上り：ルートA　下り：ルートB
2. 上り：ルートA　下り：ルートC
3. 上り：ルートD　下り：ルートB
4. 上り：ルートD　下り：ルートC

*12*番

保健センターの人が学生に体型のタイプについての話をしています。女の人がいちばんいいと言っているのはどのタイプですか。

体型分析

Aタイプ	
体重	110
筋肉量	124
体脂肪量	138

Bタイプ	
体重	102
筋肉量	130
体脂肪量	99

Cタイプ	
体重	103
筋肉量	101
体脂肪量	108

Dタイプ	
体重	116
筋肉量	80
体脂肪量	125

1. Aタイプ
2. Bタイプ
3. Cタイプ
4. Dタイプ

13番

男の人と女の人が自動車学校の広告を見ながら話しています。男の人は、どこの学校にしますか。

A

富士見台自動車学校
富士山の見える大コース
教習車は All ベンツ！
最短　16 泊〜
ツインルーム利用
248,000 円〜

B

つるおかドライビングカレッジ
最短 10 泊〜
部屋が選べます！（シングルはありません）
2 人一部屋利用
　　250,000 円〜
3 人一部屋利用
　　238,000 円〜

C

ドライビングスクールしなの
親切な指導が評判です。
教官を選べます。
最短 15 泊〜
全室個室
285,000 円〜

D

魚沼自動車教習所
安い！　比べてください、この値段！
198,000 円〜
一部屋 4 人利用

1. A
2. B
3. C
4. D

*14*番

クレジット会社の窓口で男の人が加入申し込み用紙に記入しています。男の人が書いた紙はどれですか。

| A | キ | タ | ゛ | ヒ | ロ | シ | | | |

| B | | | | | キ | ダ | ヒ | ロ | シ |

| C | キ | ダ | | ヒ | ロ | シ | | | |

| D | | | | キ | ダ | | ヒ | ロ | シ |

1. A
2. B
3. C
4. D

15番

男の人と女の人が大型電気店の入り口で話しています。二人は、今から何階に行きますか。

5F パソコンソフト	OSソフト・ゲームソフト・ビジネスソフト・学習ソフト キッズソフト・グラフィックソフト・ユーティリティーソフト DVDソフト
4F パソコン消耗品 電子文具	消耗品 （CD-R・MO・フロッピーディスク・プリンタインク・用紙・メンテナンス用品） 電子文具 （モバイル・電子辞書・電子手帳）
3F パソコン周辺 機器	プリンタ・スキャナ・メモリ・マウス・モニター・ドライブ 各種ケーブル
2F パソコン	デスクトップパソコン・ノートパソコン
1F テレビ・ビデオ DVD 衛星放送機器	テレビ・ビデオ （ハイビジョンテレビ・デジタル放送対応テレビ・液晶テレビ・ビデオデッキ・DVDプレーヤー） 衛星放送機器・衛星放送加入受付 （CS, BSチューナー・アンテナ） 総合カウンター （領収書発行・店内ご案内・外貨両替）
B1F カメラ デジタルカメラ ビデオカメラ カメラ用品	カメラ （一眼レフカメラ・コンパクトカメラ） デジタルカメラ ビデオカメラ カメラ用品 （フィルム・三脚・カメラバッグ・交換レンズ）

1. 男：1階　　　　女：3階
2. 男：1階　　　　女：4階
3. 男：地下1階　　女：3階
4. 男：地下1階　　女：4階

*16*番

テレビ番組で解説員が話しています。カフェ・チェーン店「ステータス」を表す図はどれですか。

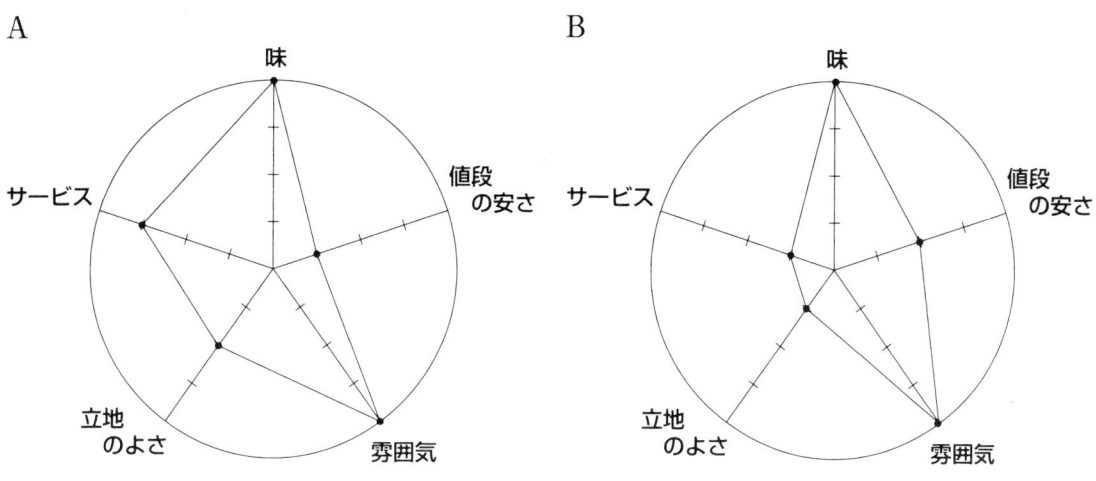

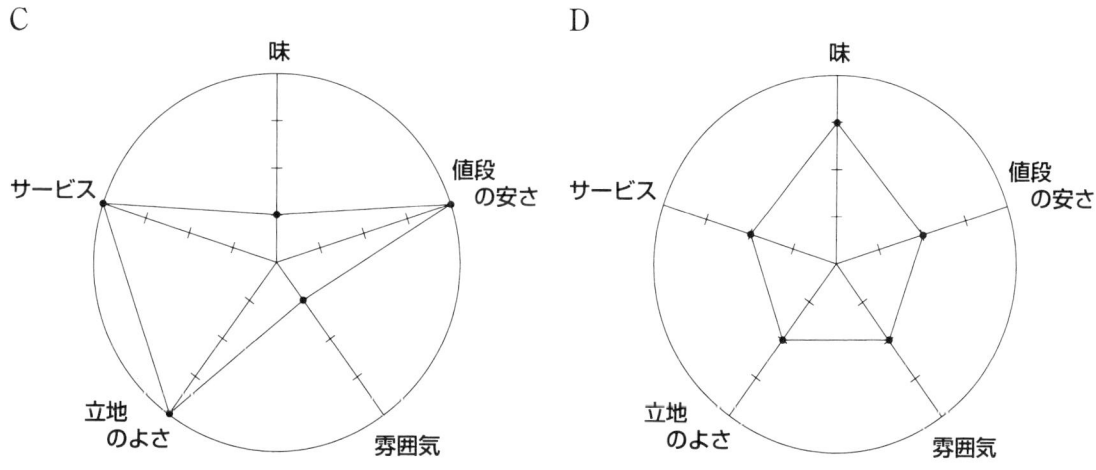

1. A
2. B
3. C
4. D

*11*番

女子学生が時刻表を見ながら駅員と話をしています。女子学生は、何時のバスに乗ればいいのでしょうか。

①バス時刻表

大月駅行（バス）				所要時間　30分		
合宿所前	…	11：50	12：10	12：30	12：50	…
大月駅	…	12：20	12：40	13：00	13：20	…

②JRの時刻表

	大月	八王子	新宿
あずさ2号	12：10	→	13：20
あずさ4号	12：40	→	14：00
あずさ6号	13：10	→	14：20
あずさ8号	14：10	→	15：20

1.　11：50
2.　12：10
3.　12：30
4.　12：50

*18*番

男子学生と女子学生が電話で話しています。女子学生がこれから言う電話番号はどれですか。

名　　　前	所属	住　　　所	電 話 番 号
金子正義	経済	東京都葛飾区柴又～	☎　03-0067-8321
木村則子	英文	茨城県つくば市天王台～	☎　0298-13-6007
斉藤　明	法律	東京都北区西ヶ原～	☎　03-0910-0394
斎藤純一	経営	東京都立川市緑町～	☎　042-5281-1751
佐藤和也	経営	埼玉県所沢市並木～	☎　042-0998-4388
佐藤（山田）陽子	社会	東京都板橋区本町～	☎　03-0970-7804
鈴木　孝	英文	東京都千代田区神田～	☎　03-0219-2512
田中美穂	法律	千葉県船橋市金堀町～	☎　047-3457-6627
田中（斎藤）美紀	社会	東京都小金井市桜町～	☎　042-7385-5611
津田浩二	経済	神奈川県横浜市中区～	☎　045-1751-7802

1．03－0910－0394
2．042－5281－1751
3．047－3457－6627
4．042－7385－5611

*19*番

男の人と女の人がスポーツセンターの使用料金表を見ながら話しています。使用料はいくらになりますか。

	1	2	3	全日	備　考
	9:00 〜 12:30	12:30 〜 18:30	18:30 〜 21:30	9:00 〜 21:30	
大体育室	10000 円	15000 円	20000 円	50000 円	バスケットボール 2 面・バレーボール 3 面・卓球 24 台・バドミントン 12 面・テニス 3 面
小体育室	4000 円	5500 円	7500 円	19000 円	バスケットボール 1 面・バレーボール 2 面・卓球 12 台・バドミントン 4 面・テニス 1 面
第 1 武道場	1600 円	2200 円	2500 円	7600 円	柔道・合気道
第 2 武道場					剣道・空手道
弓道場	2900 円	3800 円	4500 円	13500 円	6 射立
第 1 会議室	1100 円	1500 円	1700 円	5200 円	面積 98 m²、定員 63 名
第 2 会議室	600 円	1200 円	1200 円	3600 円	面積 70 m²、定員 45 名
第 3 会議室	400 円	800 円	900 円	2600 円	和室 27 畳、定員 36 名
トレーニング室	1 回 2 時間以内 300 円（高校生以上）				サーキットトレーニングなど

1.　6300 円
2.　11800 円
3.　15800 円
4.　16600 円

20番

アンさんが図書館で先輩に事典の使い方を聞いています。アンさんは、これからどの事典を見ますか。

A	B		
日本史百科事典 5　む―わ	日本史百科事典 4　に―み	日本史百科事典 3　せ―な	日本史百科事典 1　あ―く
日本史人物事典 5　ふ―わ　C		日本史人物事典 3　せ―と　D	日本史人物事典 2　こ―す	日本史人物事典 1　あ―け

1. A
2. B
3. C
4. D

スクリプト

第1回

*1*番

男の人と女の人が歯医者について話しています。男の人は、どの歯医者に行きますか。

男：あの、すみません。歯が痛いので歯医者に行きたいんですが、この辺にありますか。

女：あるわよ。ちょっと待って、今調べるから。ほら、これ。

男：一番近いのはどこですか。

女：ここだけど、今日はだめね。やってないわ。

男：今日は火曜日ですからね。じゃ、ここもだめか。ここは？

女：やってるけど、今何時？

男：2時50分です。

女：だめだわ。ここから20分はかかるのよ。

男：じゃ、ここですか。

女：そうね。ここしかないわね。

*2*番

教授が話しています。学生は、教科書の何ページを開けばいいですか。

　皆さん、ちょっと教科書の目次の部分を開いてくれますか。先週までは、第3章の「感覚」を勉強してきましたね。本来なら、今日からは、第4章の「知覚」に入るところなんですが、今週と来週で第7章の「性格」とその次の「知能」について、ざっとお話してしまおうと思います。で、今日は、「性格」についての勉強。早速なんですが、今から皆さんに性格検査をやってもらいたいんです。第3節にある

「性格検査」のページを開いてください。

3番

男の人と女の人が電車の中で話しています。女の人が行きたいのはどの駅ですか。

女：すみません。この駅に行きたいんですけど……。
男：はい。あっ、この電車は快速ですから止まりませんよ。
女：えっ、そうなんですか？　じゃあ……。
男：各駅停車じゃないと。
女：はあ。次の駅で乗り換えればいいんですね？
男：でも、今新宿を出ちゃったから……、次に止まるのは四ツ谷ですよ。戻らないとダメですね。
女：逆方向の、各駅停車の電車に乗るんですよね？
男：そうです。四ツ谷から二つ目ですよ。
女：ありがとうございます。

🎧（CD）

4番

男の人と女の人が美術館の入場料について話しています。入場料は全部でいくらになるでしょうか。

男：あった、あった。ここですね、東都美術館。
女：わたしがみんなのチケットを買ってくるわ。大人三人と子ども二人ね。
男：ええ。あ、学割もあるんですね。
女：田中君、学生証持ってきた？
男：ええ、持ってきましたよ。じゃ、僕は学生料金でお願いします。
女：大人二人と、学生が一人と……あ、今日は子どもの日だから、子どもは無料で

すって！

男：え、本当ですか？　良かったですね。

🎧（CD）

5番

先生がテストについて話しています。学生が正しくとったメモはどれですか。

　えー、今度のテストについてお話します。まず、場所ですが、いつも授業で使っている、この357番教室じゃなくて、401番の教室でやります。間違えないように気を付けてください。それから、持ち込みは可とします。皆さんが授業中にとったノートを見て答えてください。時々いろんなものを持ってくる人がいますが、何でも見ていいっていうわけじゃありませんよ。ノート以外のもの、本や参考書などは持ってこないでください。友達のノートをコピーしたものも認めません。それから全員、学生証を持ってきてください。

🎧（CD）

6番

学生二人が運賃表を見ながら話しています。男の人は、どうやって教授の家に行くことにしましたか。

男：今日、文学部の山田教授のお宅に行くことになっているんだけど、どうやって行ったら、いいのかな？

女：劉さんのうちは目黒駅の近くだったよね。じゃあ何でも利用できるよ。

男：できれば安いのがいいんだ。バスはどう？

女：うん、いいけど、1回、乗り換えないといけないから、めんどうよ。地下鉄も2回乗り換えのはず……。JRは、乗り換えがないけど、駅から、ちょっと遠いわねえ。本当は、私鉄を利用するのが一番便利なんだけど……。

男：そうか。歩くのはかまわないから、乗り換えのないのにしようかな。面倒だし

ね。いろいろ詳しい情報をありがとう。

🎧（CD）

7番

学生二人が履修登録の資料を見ながら話しています。男子学生は、どの授業をとることにしましたか。

女子学生：どの授業とるか、もう決めた？
男子学生：あ、先輩。まだ迷ってるんです。この先生の授業おもしろいらしいですね。
女子学生：これね、わたしも前にとったわよ。でもテストとレポート両方あるの、大変よ。
男子学生：確かに、レポートだけ、とか、テストだけっていう方がいいですね。じゃあこれはやめ、っと。あ、この授業、出席とらないんだ。楽そうですね？
女子学生：でも、その先生のテスト、すごく難しいらしいわよ。授業にちゃんと出ていても、できないような問題も出るんだって。
男子学生：えー。じゃ、だめだ。やっぱり、テストよりレポートの方がいいかなあ。
女子学生：そうね。あ、でも、こっちの先生はね、出席さえちゃんとしていれば、いい成績くれるわよ。テスト持ち込み可だし。楽勝じゃないかな。テキストは、ちょっと高いけど、わたし、去年使ったのあるから、貸してあげるわよ。
男子学生：ホントですか？　じゃあ、こっちの授業とります。

🎧（CD）

8番

男の人がバス会社の社員と話しています。男の人は、どのバスを予約しましたか。

男：10名分で観光バスの予約をしたいのですが、適当なところの空きはありますか。

社員：はい、目的地によってはまだ少々空きがございます。

男：横浜の中華街で食事をしたいのですが、もう一杯ですか。

社員：食事付きなら10名様のご用意ができますが……。

男：食事なしはありませんか。

社員：2名様ならご用意できますが、10名様ではご用意いたしかねます。ガイドなしの鎌倉とガイド付きの箱根ならご用意できます。鎌倉方面は、横浜中華街での食事がコースメニューとなっています。

男：じゃあ、それにします。10名でお願いします。

社員：ありがとうございます。

🎧（CD）

9番

テレビで情報通信機器の普及について解説しています。パソコンの世帯保有率を表すのはA～Dのどれですか。

アナウンサー：日本における近年の情報通信機器の普及は、近隣諸国に比べやや遅れ気味とはいえ、めざましいものがあります。ワープロ、携帯、パソコン、ファクシミリの四つに絞って見てみた場合、この5年間の変化はこちらのグラフの通りです。携帯は、もはや全家庭の4分の3で所持されており、圧倒的な普及率となりました。また、2000年には家庭でのパソコンを持つ人の割合が初めてワープロの保有率を上回りました……。

🎧（CD）

10番

学生が学生センターの職員に話を聞いています。学生は、今から何番に電話をかけますか。

学生：ちょっと、すみません。

職員：はい。

学生：あのう、学生相談所でアルバイトを紹介してもらえると聞いたんですが、そこの番号は、これでいいんですか。

職員：あなた、留学生の方ですよね。

学生：はい。

職員：留学生のアルバイトは、ほら、この下に留学生相談コーナーっていうのがあるでしょう。こっちで紹介しているんです。

学生：ああ、そうですか。……あれ、留学生相談コーナーって、2つありますけど。

職員：ああ、下の方はね、住む場所の紹介をするところなんです。

学生：住む場所っていうと、寮ですか。

職員：いいえ、学生寮は一番下の東京学生交流会館というところ、こっちは普通のアパートなどですね。

学生：そうなんだ。僕も今度は、ここで住むところを探そうかな。いろいろ役に立つ情報をありがとうございました。今からここに電話してみます。

職員：はい。いいアルバイトが見つかるといいですね。

🎧（CD）

*11*番

先輩が後輩にホールのコントロールパネルの使い方を説明しています。後輩の書いた正しいメモはどれですか。

後輩：映画上映会、いつもこのホールでやってるんですか。広いんですねえ。……わあ、このコントロールパネルを操作するんですか。一人でできるかなあ。難しそう。

先輩：いやいや、一度覚えれば簡単だよ。いい？　まず、主電源をONにして。

後輩：ちょっと待ってください。メモ、とりますから。えーと、この左上のですね。

先輩：そう。次にVTRをON。音声は映画だからムービーの方。1はやわらかい感じ。2は迫力が出るよ。どっちにする？

後輩：あしたのはアクションですから……。

先輩：じゃ、迫力の方だな。よし。そして、再生を押して、音量を5まで上げる。それで、OK！ ……あ、スクリーン出すの、忘れた。主電源のあと、まずこれを「下ろす」にしなきゃね。

後輩：はい、VTRに入る前に……ですね。わかりました！

🎧（CD）

*12*番

先生が図を示しながら、説明をしています。先生が示している図はどれですか。

神と人間と自然がどのような関係にあるのかというのが、人の世界観を作る中心になっていると考えられています。例えば、キリスト教のような一神教の世界観では、神は絶対的な唯一の存在であって、えー、だから一神教というんですけどね、唯一の存在であって、人間と自然を支配し、人間は自然を支配する権利と能力を持つというふうに考えられています。それに対してこの国の世界観では、神や仏のようなものと人間と自然の間はつながっていて、明確な上下関係は認められないんですね。それを図にしたのが、これです。このような関係ですと、神や仏が人間と同じ扱いをされたり、人間が死んだ後、神や仏になったり、また自然物に神が宿ったり、という発想がうまれてくるわけですね。

🎧（CD）

*13*番

女の人と男の人がインターネットのプロバイダーについて、どのコースにするか相談しています。二人はそれぞれどのコースを選びましたか。

女：あ、張さん、それって、マイクロネットの案内でしょう。わたしもそのプロバイダー使ってるんだ。インターネット、やるの？

男：うん、どれがいいかなあ、と思って、悩んでるんだ。

女：わたしは、今までこの５時間までのコースに申し込んでいたんだけど、もっとインターネットをやりたいと思っているの。

男：ふうん、僕はまだうちでやったことないから、どのくらいの時間にしておけばよいか見当がつかないよ。メールだけじゃなくて、やっぱりインターネットもやりたいんだけど。

女：それなら、試しに、わたしがやってるメール＋５時間というのにしてみたら？どのくらい使うかわかるだろうし、もっと使いたいなら変更すればいいから。

男：そうだね。でも３日で１時間としても１ヶ月で軽く１０時間は超えるよね。ちょっと心配だから、もう少し長く使えるこっちのコースにするよ。３００円しか違わないし。

女：そう、わたしは今まで休みの前日は５時間くらい使っていたから、この制限がないコースにするんだ。申し込んだら、いっぱいメールの交換できるね。

🎧（CD）

*14*番

道に迷った女性が交番で問い合わせをしています。グリーンハイツというマンションはどこですか。

女性：すみません。ちょっとお伺いします。グリーンハイツというマンションを探しているんですが。

警官：グリーンハイツですか……。聞いたことあるな。

女性：ええ、この辺りにあると聞いたんですが、見つからないんです。

警官：地図を見てみましょう。

女性：駅を出て商店街を右へまっすぐ、と聞いたんですが。

警官：公園を右に見ながらいらしたわけですよね。グリーンハイツ、グリーンハイツ……ああ、ありました。来過ぎちゃったんですね。

女性：ああ、そうなんですか。

警官：ええ。今来た道を戻ってください。少し行くと、右にコンビニがありますから。

女性：ええ、ありました。ありました。

警官：その角を入ると左にあります。

女性：はい、わかりました。どうもありがとうございました。

*15*番

男の人が雑誌の広告を見ながら、コンサートの予約をしています。男の人は、いくら振り込めばいいですか。

女：はい、チケットサービスです。
男：あのう、今日発売の新日本オーケストラのコンサートのチケットを予約したいんですが。
女：はい、何日のご希望でしょうか。
男：えーと、19日のS席を2枚お願いしたいんですが。
女：少々お待ちください……申し訳ございません、その日は、S席は、売り切れてしまいまして、A席しか残っていないのですが。
男：そうですか。20日のほうは。
女：はい、そちらなら、ご用意できますが。
男：じゃあ、それお願いします。
女：はい。では、今から申しあげます口座番号に郵便振替でチケット代に配送の料金500円を加えてお振り込みください。
男：わかりました。
女：では、口座番号を申し上げます。

🎧 (CD)

*16*番

先輩と後輩がお知らせを見ながら話しています。後輩が直すところはどこですか。

後輩：先輩、今度のOG・OB会の案内を作ったんですけど、見てくれますか。
先輩：いいよ。……あー、このままでは出せないなあ。
後輩：え、どこか間違ってますか。
先輩：うん。ここの敬語の使い方だけど、これは普通「くださいまして」とか「いただきまして」を使うんだよ。

後輩：あ、そうですか。わかりました。それだけですか。

先輩：それから……、あ、これこれ。こんな間違い小学生でもしないぞ。

後輩：あ、これはパソコンの変換ミスです。

先輩：まあ、これで会場を間違える人はいないだろうけど、しっかりしてくれよ。

後輩：はい、すみませんでした。

🎧 (CD)

*17*番

男の人と女の人が市民講座の案内板を見ています。二人はどの講座に出席することにしましたか。

男：近頃は中高年の自殺者が増えているみたいだし、時代を反映しているこの講座、身につまされるから聴いてみようか。

女：ごめんね。15日は午後から都合が悪いの。それよりこっちの方が興味あるなぁ。

男：どれ、ああ、それもいいね。証人喚問も近いし、日本の政治の先行きも心配だからそっちにしようか。それに、この中山順、っていう人の話、おもしろいらしいよ。

女：うん、ただね、わたしの友達は、会社の状況が芳しくないようで転職を考えているようなの。だから経済のこともちょっと気になるんだ。

男：でも、僕は、月曜は無理だなあ。その友達にこの講座のあることを連絡してみたら？　で、僕たちはこっちを聴きに行こうよ。

女：そうね。じゃあ、そうしよう。

🎧 (CD)

*18*番

男の人と女の人が時刻表を見ながら、話しています。二人は、どの電車に乗りますか。

男：空港まで行く電車、何時のにする。飛行機は、1時出発だったよね。1時間くらい前に着いておけばいいか。これはどう？

女：だめだめ。2時間前からチェックインで、それまでにカウンターでチケットを受け取らなくちゃいけないんだから。

男：そっか。じゃ、その1本前かな。

女：何だかギリギリねえ。両替や買い物もあるから、空港でもう少し余裕がほしいなあ。

男：そうすると、これか。……あれ、でも、これ新宿に止まらないよ。……荷物、多いし、東京まで行くのは、ちょっとなあ。

女：じゃあ、その前にする。

男：いやあ、これじゃ、早すぎるでしょう。電車が一番混む時間帯だし、3時間半も空港で何してるの。

女：じゃ、やっぱりこっちよ。あなたが荷物を持つのをがんばるしかないわ。

男：ひどいなあ。でも、まあ、しょうがないか。

🎧 （CD）

19番

男子学生と女子学生がカードを見ながら話しています。女の人が書き直さない項目はどれですか。

女子学生：就職活動に使う登録カード、書いてみたんだけど、これでいいかなぁ？

男子学生：どれどれ？　ここ、ちょっと良く書き過ぎじゃない。部長なんてやっていないでしょう。

女子学生：やっぱり？　だめよね。直すわ。

男子学生：まあ、確かに、明るいし、後輩の面倒もよく見てるけどね、うそはよくないよ。それと、ここは、実家のお店でどんなことを手伝ったのか具体的に書いたほうがいいよ。

女子学生：そうね。そうする。ねぇ、ここ、英語と車なんて、なんだかありふれてるよね。手芸って書いてもいいと思う？

男子学生：うーん、それは趣味だな。手芸教室で教えてるとかなら別だけど。

女子学生：でも、このスカート自分で作ったのよ。

男子学生：へぇー、そりゃすごい！　じゃあ、十分特技って言えるよ。

女子学生：じゃあ書いとこう。

男子学生：お、へー、美術鑑賞だって。絵なんて、最近、いつ見たの？

女子学生：えーっと、1年前くらいかな。

男子学生：そんなんで趣味って言えるか？

女子学生：忙しくて行けなかっただけよ。絵は大好きだもん。質問されたらちゃんと答えられるわ。

男子学生：ふーん。ならいいけど。

🎧（CD）

*20*番

女子学生が文化施設の映像コーナーで職員と話しています。女子学生はどのビデオを観ることにしましたか。

女子学生：すみません。地方自治に関する映像資料を探してまして。閲覧室でとりあえずこの4本を選んでみたんですが、だいたいの内容を知る方法がありますか。

職　　員：ああ、わたしでよければご説明しますよ。

女子学生：すみません。

職　　員：まず概要を知るならこの2本ですね。こちらは講義形式、こちらは市長へのインタビューという形をとっています。どちらも短い時間でまとめられているので、わかりやすいですよ。

女子学生：具体的なケースも紹介していますか。

職　　員：それなら、こちらの2本ですね。いろいろな事例を広く扱っているのがこちら。反対に、こちらは長年かけてひとつの街を取材したものです。時間は長いですが、一本の映画のようで見ごたえがありますよ。

女子学生：あのう、どちらが入門者向きでしょうか。まだ勉強を始めたばかりなので……。

職　　員：それは好き好きですね。

女子学生：そうかあ。今日は、時間もあるし、まずひとつの街をじっくり見てみることにしようかな。ご親切に、どうもありがとうございました。

職　　員：いいえ、どういたしまして。じゃ、ビデオ鑑賞ルームはあちらです。

第2回

（CD）

*1*番

女の人が男の人に入学試験のことについて、聞いています。女の人は、いつ試験を受けますか。

女：すみません。あのう、入学試験の日程について、うかがいたいんですが。
男：ああ、じゃあ、この表を見てください。あなた、外国の方ですね。
女：はい。ホンコンから来ました。
男：外国の方は、この右側の特別選抜という方なんですよ。で、何の勉強がしたいんですか。
女：えーと、心理学です。
男：じゃあ、文学部ですね。見てください、ここ。下のほうに文学部って書いてあるでしょう。
女：本当だ。じゃあ、入学試験の日は、この日ですね。わかりました。ありがとうございます。

（CD）

*2*番

先生がレポートの書き方について説明しています。学生が書く表紙はどれですか。

　前期のレポートの提出日は7月8日です。みなさん、準備は進んでいますか？枚数は自由ですが、必ず表紙を付けてください。表紙の一番上にはレポートの題、その下に、学生番号、名前の順で書いてください。この授業をとっているのは経済学部の二年生だけなので、学部や学年は書かなくていいです。あ、それから、一番下には提出年月日を書いてください。年は西暦で。では、みなさんのレポート、楽しみにしています。

🎧（CD）

3番

学生二人が友達にあげる花を選んでいます。二人は、花を買うのにいくら使いましたか。

女子学生：わたしは、バラがいいと思うけど、あなたはどう思う？
男子学生：確かチューリップが好きだと言っていた気がするけど。
女子学生：そうね。でもここには黄色のチューリップしかないでしょう。なんとなく彼女のイメージじゃないわ。やっぱりバラがいいんじゃないかしら。
男子学生：そうだね。そうしよう。5本くらいあればいいかな。あとアレンジには、かすみ草がいいかな。バラと合わせるとかわいくなるよ。
女子学生：うん、そうすると花束らしいわね。1本のボリュームがあるから、2本にしておきましょうか。
男子学生：赤いリボンでブーケのようにしてもらおう。
女子学生：じゃあ、そうしよう。きっと喜んでくれるよね。

🎧（CD）

4番

留学生のパクさんが、学生センターの人と下宿の案内を見ながら、話しています。パクさんの希望に合う部屋はどれですか。

パク：下宿先を探してるんですが、どこかいいとこありませんか？
職員：どんな部屋をお望みですか。個室も二人部屋もありますよ。
パク：日本語の勉強にもなるし、二人部屋でお願いします。
職員：大学に近いとか、駅に近いとか、何か場所の希望はありますか。
パク：そうですね。大学まで歩いてこられるところがいいですね。できたら、20分以内くらいで。
職員：家賃はどうですか。予算はどのくらいでしょうか。
パク：5万円以内に抑えたいです。

職員：わかりました。それならちょうどよい物件がありますよ。

🎧（CD）

5番

コンサート会場でのアナウンスを聞いてください。このチケットを持っている人は、何番の入り口から入場すればいいですか。

女：本日は、京都テレビ主催、G'Z のコンサートにご来場くださいまして、まことにありがとうございます。お客様に入場の際の入り口のご案内を申し上げます。東スタンド席、南スタンド席のお客様は 14 番ゲート、西スタンド席のお客様は 24 番ゲートよりご入場ください。また、アリーナ席 A ブロックから E ブロックまでのお客様は 12 番ゲート、F ブロックから J ブロックまでのお客様は 17 番ゲート、K ブロックから P ブロックまでのお客様は 22 番ゲートよりのご入場をお願いいたします。入場の際には、お客様の手荷物をチェックさせていただきますので、よろしくお願いいたします。本日は……

（FO）

🎧（CD）

6番

夫婦が、「ガス工事のお知らせ」を見ながら話をしています。この夫婦はどの地区に住んでいるのでしょうか？

夫：ねえ、この「ガス工事のお知らせ」見た？
妻：見たわよ。2 日間もあるのね。年末の忙しい時期に工事をやるんだからいやになっちゃうわ。
夫：1 日目は仕事に出かけた後くらいの時間からだな。
妻：ええ、あなたが出かける 8 時頃は使えるはずよ。
夫：2 日目は……ああ、この時間なら、もう寝ているね。少し不便かもしれないけ

ど、まあ何とかなりそうだね。

妻：ええ。

🎧 (CD)

*7*番

男の人が病院の受付で尋ねています。男の人が今から行く病室は A～D のどれですか。

男性：すみません。入院患者さんのお見舞いに来たんですが。

受付：ご面会ですね。病室は隣の別棟になっています。こちらに案内図がありますので、ご覧いただくとわかりやすいです。えー、こちらが病棟の入り口で病室は右に並んでいまして、手前から順に 101 号室、102 号室……となっています。

男性：ああ、なるほど。で、104 号室に行きたいんですが……。あれ？　104 がない。

受付：ああ、「4」と「9」の付く部屋は縁起が悪いとおっしゃる方がいますので、避けているんです。

男性：そうなんですか。じゃあ、聞き間違えたのかな。田村ヒデミさんという患者さんなんですけど。

受付：お調べします。……田村ヒデミさんですね。110 号室にお入りです。

男性：ということは、えーと、3567……、あった。この部屋ですね。

受付：はい、病室の前に部屋番号とお名前が出ていますので、ご確認ください。

男性：わかりました。どうもありがとうございました。

🎧 (CD)

*8*番

パクさんが書いた正しい伝言メモはどれですか。

パク：はい、第 2 研究室です。

大野：ああ、すみません。原教授、おいでですか。

パク：あいにく、ただいま席をはずしておりますが。

大野：そうですか……。じゃあ、ご伝言、お願いします。今日4時に伺うことになっていたんですが、会議が延びてまして、30分ぐらい遅れてしまいそうだ、と。

パク：では、4時半ごろということで……。

大野：ええ、うーん……。やっぱり、1時間ぐらいとお伝えください。

パク：はい、承りました。お伝えします。私、パクと申します。失礼ですが……。

大野：ああ、オオノです。

パク：オノ様ですか。

大野：いえ、大きい小さいの大きい方です。それに、野原の野。

パク：ああ、オオノ様ですね。失礼いたしました。

大野：いいえ。じゃ、すいませんが、よろしくお伝えください。

パク：はい。では、失礼いたします。

🎧 (CD)

9番

女の人が薬屋の店員と話しています。女の人が買う薬はどれですか。

客：あのー、風邪薬下さい。

店員：はい。症状はどのような感じですか。

客：特にのどが痛いんです。

店員：それでしたら、この薬はどうですか。良く売れてますよ。

客：あ、でも、わたし、昼間は仕事が忙しくて……、つい飲み忘れちゃうんです。

店員：では、こちらの二つがおすすめですね。

客：こっちは眠くならないって書いてありますね。

店員：そうですね。ほかの風邪薬は普通、眠くなってしまうんですが……。こちらは眠くなる成分が入ってないのを売りにしています。

客：そっちがいいわ。よく寝て早く治したいけど、今のところ休んでる暇が無いのよ。

店員：こちらでよろしいですね？ ありがとうございます。お大事にどうぞ。

🎧（CD）

10番

男の人がグラフの説明をしています。ここで話題になっている商品の売り上げを示すグラフはどれですか。

　こちらのグラフを見ていただくとわかりますように、この商品の売り上げもここのところずっと低調なのですが、最も大きく落ち込んだのは98年でして、売り上げがその前年の半分以下になりました。その後も横ばい状態が続きましたが、2001年にはやや上向きになっています。他の商品も軒並み売り上げを落とし続けている現状にあって、このことは注目すべき点だと思います。これは、売り上げが伸びないながらも消費者のニーズ調査と市場調査を徹底して行った結果だと思いますので、今後もそういった分析の重要性がますます大きくなっていくのではないだろうかと思われます。

🎧（CD）

11番

男の人と女の人が映画館の前で話しています。二人は、どの映画を見ることにしましたか。

男：あー、アースウォーズ、立ち見だって。開演まであと1時間もあるのに。
女：立ち見はイヤだなあ。せっかく早く起きて朝一番に来たのにね。
男：2時間待たなければならないけど、これなら確実に座れるよ。
女：できればあまり待ちたくないな。時間がもったいないもん。
男：うん、今日は映画の日で料金が安いし、これからもっと混むだろうから、これ見ちゃおうか。
女：そうね。じゃ、早く入って、席をとってから、お茶でも飲もうよ。
男：よし、そうしよう。

*12*番

男の人と女の人がさくら台駅から原町駅への行き方を調べています。二人はどのルートで行くことにしましたか。

女：ねえ、斉藤先生の展覧会、今日から6日間原町でやってるんだって。授業が終わったら、さっそく行ってみない。

男：いいよ。原町か……。ちょっとかかるね。速くて安い行き方をインターネットで調べてみよう。……えーと、行き方は4種類か。まず、これは時間もかかるし、高いから、だめだね。

女：そうね。それから、これは乗り換えが2回もあるから、めんどくさそうね。

男：いや、そうとも限らないよ。例えば、この地下鉄に乗り換えるルートは地下道を5分ぐらい歩くんだ。それから、この新本町から本町線の本町までの歩きも10分近く商店街を歩かなきゃならない。その点、この白坂での乗り換えは同じホームの向かいの電車に乗るだけ。

女：へー、北武線と東武線って接続がいいのね。あ、でも、楽な分、料金はちょっと高いんだ。

男：どうする？　ぼくはどれでもいいよ。

女：そうねえ。……今日はハイヒールだから、歩かなくても済む方にしようかな。

男：OK。じゃ、これで行こう。

*13*番

先生と学生が卒業論文のテーマについて話しています。学生が取るファイルはどれですか。

女：先生、卒論ですけど、「アジア文学の日本文学への影響」というテーマで書こうと思ってるんですが、どうでしょうか。

男：うん。なかなかおもしろそうだね。ただ、そのテーマだと、今までにも何人か

の人が書いているから、参考に読んでおいた方がいいよ。

女：そうですか。わかりました。

男：わたしのゼミの学生にも、それに似たテーマで書いた学生がいたなあ。君、ちょっとそこのファイルを取って。

女：この 13 年度というのですか？

男：いや。それは去年のだけだから。タイトルだけの方を。

女：じゃ、これですか？

男：うーん。あの学生はたしか 10 年以上前だったと思うから……、それよりもう一つ古いやつを。

女：これですね。

男：そうそう、それ。ありがとう。

🎧 (CD)

*14*番

先生と学生が話しています。学生が書いた漢字はどれですか。

学生：先生、今日のテストのことなんですけど、この答えは、どうして×なんですか。

先生：え、どれ。

学生：先生、授業のとき、おっしゃいましたよね。専門の門の中には、口がないから、気をつけてって。

先生：ええ、そうよ。

学生：だったら、どうして。

先生：違うわ。ミラーさん、こっち。この字はね、上の点がいらないの。

学生：え、本当ですか。

先生：ええ、博物館の「博」や「縛る」の漢字には点があるんだけどね、……。

学生：そうなんですか。わかりました。

🎧 (CD)

15番

旅行の添乗員が話しています。変更後の明日の予定はどれですか。

　みなさん。今日はお疲れ様でした。明日の予定について、ご連絡いたします。午前中、芦ノ湖で遊覧船に乗る予定でしたが、非常に風が強くなると予想されておりまして、先程、明日は船を出せないと連絡がありました。大変申し訳ございませんが、代わりにオルゴール博物館見学をご用意いたします。なお、オルゴール博物館は午後からの開館となりますので、夕方に予定していたガラス作り体験を先にさせていただきます。また、食事に関しましては、変更はございません。夕食はホテルでフランス料理のフルコースを、お昼御飯は、彫刻の森美術館見学の前に、レストラン富士でバーベキューを召し上がっていただきます。では、今晩はゆっくりおやすみください。

🎧 (CD)

16番

二人の学生が研修会のスケジュールについて話しています。二人が見ているスケジュールはどれですか。

男子学生：今日のスケジュールって、どうなってたっけ。
女子学生：えーとね。午前中はずっと講義で、昼休みをはさんで午後もまた講義。
男子学生：へぇー、2日間ともずいぶん勉強させられるんだねえ。
女子学生：夜は……、えーっ?!　今日も遅くまでグループに分かれての話し合いだって!
男子学生：えっ!　今日も?!　ちょっと、見せて。……なんだ、君、これきのうのだよ。
女子学生：え?　あ、本当だ。ごめん……。
男子学生：今夜は……、これかあ。
女子学生：いやなの?

男子学生：僕、歌は苦手なんだよ。

女子学生：別に歌わなくたっていいんじゃない？　聞くだけでも。

男子学生：うん。

女子学生：先生、とてもお上手らしいわよ。

男子学生：本当？　じゃ、聞きに行こうかな。

🎧 (CD)

*17*番

男の人と女の人が話しています。男の人が送る郵便小包は、いくらになりますか。

女：この荷物、フランスに送ると、いくらぐらいになるのかな。

男：ちょっと待って。ほら、ここに料金表があるよ。えーと、フランスは、ここだよね。重さは、どれぐらい。

女：うん、さっき計ったんだけど、800グラムくらい。

男：船便なら1800円で着くけど、ちょっと時間がかかるかなあ。

女：ちょっと急ぐんだ。お姉ちゃんの誕生日までに届けたいから。

男：そうすると、航空便だから、……こっちか。……えーと、800グラムだからこれに850円、足さなくちゃいけないんだ。けっこうかかるね。

女：そうね。でも、しょうがないわ。

🎧 (CD)

*18*番

男の人と女の人が通信販売のカタログを見ながら話しています。正しい申し込み番号はどれですか。

女：ねえ、鈴木さん。通信販売で何か買ったことある？

男：うん、あるよ。どうしたの？

女：申し込み書の中の、申し込み番号が全部で9桁（けた）なんだけど、どう書けばいいか

わかる？

男：カタログを見せてみて。えーと、買いたいのは、掛け布団？　敷布団？

女：掛け布団。その商品番号は5桁でしょう？　それに、サイズ番号を加えて……。

男：そうそう。あれ？　シングルじゃなくていいの？

女：うん。1000円の違いなら、大きめの方がいいから。で、どうしてあと2桁あるのかしら。

男：色番号を書くんだよ。ほら、表の下に4種類出てる。

女：ああ、ほんとだ。写真のと同じのしかないのかと思った。

男：どれにする？

女：そうねえ。写真と同じのでいいわ。

男：きれいな青だね。

女：ああ、これで9桁になった。わかったわ。ありがとう。

🎧（CD）

*19*番

男の人が携帯電話会社の店員と話しています。男の人が選んだ料金プランはどれですか。

男性：すみません。料金プランのことでお伺いしたいんですけど……。今、このプランを使ってるんですけど、毎月料金が高くなっちゃって。

店員：無料通話付きプランはいかがですか？　例えば、こちらのプランは、3900円の基本料金をお支払いいただくと、2000円分無料でお話できます。

男性：で、こっちの方が長く話せるんですね。2000円分じゃ足りないと思うからこっちにしようかな。

店員：かしこまりました。では、時間帯のほうはどうなさいますか。

男性：時間帯？

店員：もしお使いになる時間帯が決まっているようでしたら、こちらからお選びいただけます。例えば、ビジネスプランですと、昼間の電話代が、ほかの時間帯と比べてお安くなっております。

男性：僕は昼間は授業があるから……夕方とか夜に話すことが多いんです。

店員：では、こちらのプランはいかがでしょうか。

男性：そうですね。それでお願いします。

店員：はい。それでは、おしゃべりプランがこちら、お好みプランがこちらでよろ
　　　しいですね。

男性：ええ。

🎧（CD）

*20*番

男の人と女の人がコンピューター室の使い方について話しています。女の人が守ら
なかった規則はどれですか。

男：あ、ちょっと、ちょっと。

女：え、わたしですか？

男：そう。困りますよ。ちゃんとしてくれなきゃ。

女：え、何ですか？

男：この注意事項、読んでますか？

女：ええ、一応……。でも、わたし、ちゃんと守ってます。たばこも吸わないし、
　　食べたり飲んだりもしてませんし……。

男：それじゃなくて……。

女：ゴミもしっかり持ち帰ってるし、本だって持ち出ししたりしていません。

男：それはいいんですけど、あれ。ついてますよ。

女：あっ、急いでて。……すみません。

第3回

🎧（CD）

*1*番

男の人と女の人が雑誌の星占いを見ています。男の人の星座は何ですか。

男：さ、そろそろ行こうか。……あれ？　何見てるの？

女：今日の運勢。

男：好きだなあ。そんなの、当らないよ。

女：でも、面白いじゃない？　わたしは今日は、新しい出会いがあるんだって。あー、わくわくする！

男：へー、ちょっと見せて。ぼくは……、ちぇっ！　あんまり飲んじゃいけないんだって。これからパーティーなのに。見なきゃよかった。

女：大丈夫、ラッキーカラーを何か持っていればいいのよ。あ、ほら、ちょうど黄色いシャツを着ているじゃない。

男：えっ？　ああ、イエローか。なるほど。

女：さあ、行きましょ。遅れちゃうわよ。

🎧（CD）

*2*番

男の人と女の人がテレビを見ながら話しています。9時半からどの番組を見ますか。

女：このドラマ、見てるの？

男：別に。ただつけてるだけ。なんで？

女：9時半から料理番組見たいの。いい？

男：え？　もう半か……僕、ニュース見たいんだよ。

女：しょうがないなあ。

男：悪いね。じゃ、かえるよ。……あれ？　野球やってるぞ。

女：ちょっと新聞貸して。……ああ、野球、延長ね。

男：なんだよー、まいったなぁ。

女：やった。料理番組、見ていい？

男：待てよ。ほら、こっちでもニュースやってる。

女：えーっ、ニュースなんて、またあしたの朝、同じことやるじゃない。

男：わかったよ、しかたないなぁ。

🎧 (CD)

3番

男の人が配ったプリントについて話しています。みんなが見ているのは、どのプリントですか。

男：ええ、では、来週の土曜日の「お花見」についてのお知らせをします。皆さん、プリントは、渡りましたか。早速で申し訳ないんですが、ミスプリントが2か所ありますので、訂正をお願いします。まず集合時間なんですが、はい、朝の4時に集合というのは、ちょっと無理ですよね。もちろんこれは、午後4時が正しいです。それから「注意1」のところを見てください。カタカナで何だかよくわからないことが書いてありますが、これは「雨天」つまり「雨」の場合は、中止ということですので、訂正しておいてください。申し訳ありません。

🎧 (CD)

4番

男の人と女の人が学園祭のパンフレットを見ながら話しています。二人はどの順番で会場をまわりますか。

女：バンド演奏は……、えーと、2時からか。まだ2時間もあるね。

男：うん。それまでどうしよう。劇でも見る？

女：でも、わたし、おなかすいちゃった。まず、何か食べようよ。

男：ああ、そうしようか。じゃ、劇は、その後かな。

女：でも、こういうのは、最初から見なきゃ、わからないじゃない。だから、こっちで、のんびり絵でも見ましょうよ。

男：わかった。で、最後は、そのまま映画かな。

女：だめ、だめ。わたしの友達がバイオリン、弾いてるの。これは、絶対に聴かなくちゃ。

男：そっか、じゃ、そっちの方がいいね。

女：決まり。じゃあ、ごはん、食べに行こう。

🎧（CD）

*5*番

男の人と女の人が部屋の間取り図を見ています。男の人は、どの部屋がいいと言っていますか。

男：あれ、部屋さがしてるの？

女：うん。さっき不動産屋さんからファックスが届いたから、見てるところ。

男：へー、家賃も広さも、だいたい同じぐらいだね。で、どれにするの？

女：そうねえ。畳よりフローリングがいいから、これはパス。3つの中では、このワンルームが広々してて、よさそうな感じかな。

男：でも、物を入れる所があった方がいいよ。

女：そうね。タンスなんか置いたら結局狭くなっちゃうものね。じゃあ、押入れがあるこれかこれね。

男：こっちは東向きだけど、かまわないの？

女：うん。東でも南でも。昼間はどうせ、いないことが多いし、朝日が入るのは気持ちいいし……あ！

男：何？

女：チャムがいるんだった。

男：チャムってだれ？　二人で住むの？

女：ふふふ……わたしが飼ってるネコちゃん。先月もらったの。

男：なんだ。じゃ、こっちはだめじゃない。これに決まりだね。

🎧 (CD)

6番

男の人がスポーツクラブに入会しようとしています。男の人は、どの会員になることにしましたか。

男性：あのう、入会の手続きをしたいんですけど。

受付：はい。では、こちらの表にあります会員プランの中からご希望のものをお選びください。失礼ですが、お客様は、お勤めでいらっしゃいますか。

男性：ええ、ですから、土日か仕事の後くらいしか来られないんですよね。

受付：でしたら、こちらは、いかがでしょう。お値段もお安いですし、大変お得ですが。

男性：そうですね。ただ仕事が終わってから、ここまで帰ってくると、どうしても10時を過ぎちゃうことが多くて。

受付：そうしますと、あまりゆっくりはできませんね。

男性：ええ、やっぱりこれかなあ。ちょっと高いけど、いつでも使えるしね。

受付：はい。では、こちらの申し込み用紙にご記入をお願いします。

🎧 (CD)

7番

女の人がバス発着所で時刻表を見ながら所員と話しています。女の人はどのバスに乗りますか。

女性：あのー、もうバス、ないんでしょうか。

所員：いいえ、まだありますよ。

女性：でも、あと10分で12時ですよ。

所員：いや、今日は金曜日ですから。

女性：あ、そうか、こっちを見るんでしたね。あー、あるある。よかったー。

所員：どちらまで？

女性：終点までです。

所員：じゃあ、△は途中で車庫に入っちゃいますから。……それから、こっちは明
　　　和高校経由なんで、時間かかりますよ。

女性：どのくらいです？

所員：10分は違います。ぐるっと回りますから。

女性：じゃあ、印が何もついていない、これですか？

所員：ええ、そっちのほうがはやいですよ。

🎧 （CD）

*8*番

男の人と女の人が話しています。女の人は何を習うことにしましたか。

女：ねえ、これ見て。

男：へえ、短期日本文化体験コースか。

女：うん、わたし、夏休みに国へ帰るんだけど、せっかく日本に来ているから、ど
　　んなものか学んでみたいわ。短期なら、時間もとらないし、わたしにもできそ
　　う。

男：どれも日本らしいものだね。どれにするつもり？

女：わたしはどちらかというとものを作るのが好きなの。陶芸ってどんなことをす
　　るのかな？

男：土をこねて皿やコップを作るんだよ。最後に窯（かま）にいれて焼くんだ。

女：ふうん。あっ、でも、わたし、毎週土曜日はアルバイトをしているんだ。

男：せっかく習うんだから、一番やってみたいものにするといいよ。これなんて、
　　最初は、作るっていうよりも、やり方を覚えるっていう感じなんじゃない。

女：そうね。じゃ、国に帰ったときにみんなに披露（ひろう）できるこのコースに行こうかし
　　ら。

男：うん。それが一番みんなに喜んでもらえるんじゃないかな。

🎧 （CD）

*9*番

裕幸君が真理子さんと電話で話しています。裕幸君がとったメモはどれですか。

裕幸：もしもし。

真理子：あ、裕幸君？　真理子だけど。

裕幸：ああ、どしたの？

真理子：和美ちゃんの誕生日、もうすぐだよね。パーティーしてあげようと思って。

裕幸：ああ、7月3日だっけ？

真理子：そう。でも水曜日じゃない？　だからその前の日曜にやるんだけど、来られる？

裕幸：日曜？　夜でしょ？　オッケー。

真理子：うん、6時に学校の近くのスターベックスに予約したの。

裕幸：プレゼントとか、持ってくの？

真理子：うん、わたしは当日、パーティーの前に渋谷に買いに行くつもり。良かったらいっしょに行く？　3時に渋谷駅でどう？

裕幸：あー、昼間は用事があるんだよな。4時くらいには渋谷に行けると思うけど。

真理子：じゃあ、4時頃に会おうよ。わたし、先にデパートにいるから、渋谷に着いたら電話して。

裕幸：わかった。じゃあね。

🎧（CD）

*10*番

男の人が手帳を見ながら、女の人と話しています。二人は、いつ美術展を見にいきますか。

女：ねえ、金子君、どうする。ヨーロッパ現代美術展覧会。来週で終わっちゃうわよ。10日まで。

男：え、見にいこうよ。君、いつなら都合がいいの。

女：わたしは、火・水・金がアルバイト。それ以外なら、いつでもいいわよ。

男：そっか。僕は、土曜日、サークルの練習とバイトで1日中、だめなんだよ。最終日は、こむだろうし、できれば平日に行きたいよな。……じゃ、4日は。ちょうどレポートも出し終わったところで。

女：残念。その日は、休館日なの。

男：なんだ。じゃあ、この日しかないじゃない。この日は、どう。

女：うん、2時半まで講義だけど、その後なら。

男：よし決まり。

🎧（CD）

*11*番

ホームページで市民祭りのプログラムを見ながら、学生が話をしています。二人はどの行事に参加申し込みをすることにしましたか。

男子学生：今度文化センターでこういうのがあるんだけど、行ってみない。

女子学生：どれ、へえ、おもしろそうね。あ、ヤンさん、これ出れば。この前のスピーチ、上手だったわよ。

男子学生：うん。そう思ったんだけど、これ、出場者は、もう締め切っちゃったんだって。こっちなら、当日参加もOKなんだけど。

女子学生：うーん、歌はちょっとねえ。それよりは、わたし、これに興味があるな。きっとお茶とかお花とかできると思うし。

男子学生：花かあ。僕は、男だからなあ。だったら、この交流会にしようよ。きっと知り合いがたくさんできるよ。

女子学生：知り合いなら、お茶を飲みながらだって、できるはずよ。それに、わたし5時からバイトだから、これだと、最後までいられないもの。

男子学生：そっか。じゃあ、これにしようか。

女子学生：そうよ。この時期なら、きっと庭に桜も咲いているわよ。これで決まり。

🎧（CD）

*12*番

男の人が英会話学校の受付の女性とレッスンの予約について話しています。男の人はどのクラスを予約しましたか。

（電話をとる音）

受付：はい、バグース英会話スクール銀座校です。

男性：あのう、レッスンの予約をしたいんですが。

受付：はい。いつでしょうか。

男性：5月13日の5時半のクラスはまだ入れますか？

受付：申し訳ございません。13日は5時半と7時のクラスはもういっぱいになってしまったんですが。

男性：そうですか。（独り言で）この日は9時に友達と約束があるし、……どうしようかなあ。

受付：12日でしたら、5時半のクラスに入れますけど。

男性：いやあ、バイトが忙しくて、その日しか行けないんですよ。
　　　あのう、こちらの学校ではほかの校舎での授業にふりかえができる、って聞いたんですけど、できますか。

受付：ええ、できますよ。ここから一番近い所ですと、上野校になりますが、見てみましょうか。

男性：ええ、お願いします。

受付：あ、空いてます。ここより30分遅く始まりますけど、よろしいでしょうか。

男性：ええ、構いません。それで、お願いいたします。

🎧（CD）

13番

男の人と女の人が料理の作り方について話しています。男の人が本の通りにしなかったことは何ですか。

女：わー、おいしそう！

男：でしょう？　この本、見て作ってみたんだ。

女：へー、「夏野菜のトマトソース・スパゲティ」。野菜がたっぷりでヘルシーねえ。

男：といっても、しいたけとズッキーニはなかったから、入れなかったけどね。

女：えー、十分よ。すごい、鈴木君、料理できるんだ。

男：料理って言ったって、野菜を切るぐらいだよ。ツナは缶詰開けて入れるだけだし。

女：それにしても、ずいぶん早くできたのね。調理時間30分って書いてあるけど、わたしがあっちの部屋で写真見てる間でしょう？　あっという間よね。

男：へへへ……。それは、トマトソースもスパゲティもできてるのを使ったからさ。

女：え、スパゲティも？　便利なものがあるんだなあ。それで、お湯をわかしたりする手間が省けるわけだ。どれどれ……（食べる）。

男：どう、味は？

女：おいしい！　わたしも今度作ってみるわ。

🎧（CD）

*14*番

教授がグラフを見ながら話しています。4つのグラフは、何を示していますか。

　えー、皆さん、ちょっとこのグラフを見てください。これは、日本とドイツの労働力率、つまり、何パーセントの人が仕事をしているか、ということを年齢別、男女別に比べたものなんです。これを見て、どんな特徴がわかりますか。そう。まず、10代の労働力率を見ると、ドイツでは、男女とも30パーセント近くが働き始めているのに対し、日本では、この数字が0に近い。日本の若者がいかに恵まれているかがよくわかるでしょう。それから、女性の労働力率を比較した場合、日本は、20代の後半から30代にかけて、いったん落ち込み、Mの字の形を描いていますが、ドイツの方は、50歳を過ぎるまで、70パーセント前後の数字のままです。つまり、ドイツの女性は、結婚しようが、子供を生もうが、仕事を続けるということがこのグラフでおわかりいただけると思います。

🎧（CD）

*15*番

男の人が女の人に保健管理センターの場所を尋ねています。保健管理センターはどこですか。

男：あのう、すみません。

女：はい。

男：保健管理センターはどちらでしょうか。

女：保健管理センターはですね、この建物に入って、左へ行かれますと、中庭がございます。その中庭をつっきっていただいて、正面の通路を進んでいただきますと、トイレがございます。その女子トイレの前にあるドアを開けていただいて、まっすぐ行かれますと、左手にございます。

男：はい、えーと女子トイレの前を……。

女：前のドアを開けてまっすぐです。

男：はい、わかりました。ありがとうございました。

🎧（CD）

*16*番

学生二人がアルバイトの広告を見ながら話しています。男子学生は、どこに電話をかけますか。

女子学生：アルバイト探してるの？

男子学生：うん。春休みに旅行に行く予定だったんだけど、けがしちゃって行けなくなったから、暇になっちゃったんだ。学校が始まるまでに集中してお金稼ごうと思って。

女子学生：ふーん。じゃ、2週間ぐらいの間ね。これなんか、どう？

男子学生：うーん、この体じゃ、ちょっとね。時給は一番なんだけどなあ。

女子学生：あ、そうか。ごめん。肉体労働は無理よね。じゃ、これなんかも？

男子学生：うん。車に乗るのも大変なんだよ。ねえ、これなんかいいと思ってるんだけど、どう思う？

女子学生：えっ？！　でも、2週間だけ働くんでしょ？

男子学生：とりあえずね。でも、この業界には興味あるし、できたら4月以降も続けてやってみたいんだ。

女子学生：ふーん。

男子学生：資格とかも関係ないみたいだし、ここに電話してみるよ。

*17*番

学生が先生に相談しています。先生は、どの本を薦めましたか。

学生：先生、あのう、わたし、コンピューターのことについて、勉強がしたいんですけれど、何かいい本を紹介していただけませんか。

先生：うーん、一言でコンピューターといってもいろいろあるんだけど、入門書みたいなものでいいのかな。

学生：いえ。基本的な操作に関しては、わたしも一通りできるんです。

先生：じゃあ、自分でプログラムを作ってみたいとか。

学生：まさか。何て言うのかな、コンピューターがわたしたちの生活に与えている影響とか、今後、コンピューターを使って何ができるかとか、そういうことが知りたいんです。

先生：ああ、そうか。じゃあ、この本はどうかな。

*18*番

男の人と女の人が公園の注意事項を見ながら話しています。二人が見ているのはどれですか。

女：あら？　こんなところにきれいな公園があったのね。ちょっと入ってみない。

男：うん、いいよ。

女：けっこう広そうね。

男：うん。今度うちの犬を散歩に連れて来ようかな？

女：だめよ。ほら、注意事項の所に書いてあるわ。

男：本当だ。

女：けっこういろいろ書いてあるわね。

男：うん。花火もできないんだね、こんなに広いのに。

女：そうね。どうしてかしら。

男：それに、野球やサッカーもできないみたいだよ。

女：えー、どうして？　ここでできなかったら、どこですればいいの？　今の子ども達はかわいそうね。

---

*19*番

図書館の端末で男子学生と女子学生が資料にする本を検索しています。二人はどれとどれを見てみることにしましたか。

男子学生：えーと、「日本の住宅」で検索してみよう。……あ、11件出てきたよ。どれがいいかな。

女子学生：ほしい資料は江戸時代のだから、このシリーズの、〔近世〕がいいんじゃないかな。

男子学生：そうだね。あ、残念！　旧版しかない。

女子学生：あー、新しいのは貸し出し中。じゃ、とりあえず古いのを見てみる？

男子学生：しかたないね。それと、これは？

女子学生：それは子供向けでしょ。

男子学生：でも、かえってこういう本のほうが図版や写真が多く載ってて、資料として役に立ったりするかもしれないよ。

女子学生：なるほど、確かに。じゃ、見てみよう。

男子学生：じゃ、この一番新しいのにしようか。タイトルからしてイラストや写真が多そう。

女子学生：うん、よさそう。じゃ、まずはこの2冊ね。えーと、書架の場所は……。

🎧 (CD)

*20*番

男の人が旅行会社の人と話をしています。男の人はいくら払いますか。

社員：いらっしゃいませ。

男：あのー、このカナダのツアー、97,000 円からって書いてあるんですけど、詳しい料金はどうなってるんですか？

社員：少々お待ちください。こちらが料金表となっております。……ご出発は何日のご予定ですか？

男：3 月 20 日頃を考えてるんですが。

社員：3 月 20 日ですと、C ですね。何名様でいらっしゃいますか？

男：僕ひとりです。

社員：では、こちらの C の 2 名様料金、134,000 円プラス、追加料金が 33,000 円になります。

男：結構高い時期なんですね。なるべく安く行きたいんですけど……。

社員：29 日以降ですと、お安くなるんですが。

男：そうですか。でも、4 月 6 日から授業が始まるので、これだと帰って来るの、ぎりぎりになっちゃうんですよ。

社員：それでは、もう少し前にして、この辺ではいかがですか。

男：そうですね。それなら帰って来てからも少し日があるし……、20 日に行くよりはちょっと安いですもんね。じゃあ、この日にします。

社員：ありがとうございます。

第4回

🎧 (CD)

*1*番

講師が配った資料について話をしています。この表のどこが間違っていると言っていますか。

　今、配りました資料は、「今後、暮らしがどうなるか」について、東京50km圏の人たちを対象に行われた調査の結果です。10年前と同じ質問をして、10年間で変化したかどうかを調べてみたわけですが、この資料の［表］に、ミスがありました。お手数ですが、訂正してください。

　ええ、10年前の「少しよい」の数値と今回の「少し悪い」の数値が逆になってしまっているんです。申し訳ありませんが、入れ替えてください。

🎧 (CD)

*2*番

息子と母親がデパートで話しています。二人は今どこにいますか。

息子：えーと、あとは6階かな。文房具と、新しい辞書も必要だし。
母親：へえー、えらいわね。
息子：そうそう、もっと勉強頑張らなきゃ。
母親：でも、布団が思ったより安くてよかった。
息子：そうだね。布団が安かった分、デジタルカメラでも買いたいなあ。
母親：それは自分のお金で買いなさい。
息子：あ、このデパート、5階に郵便局がある。良かった、これ友達に送ろうと思ってたんだ。
母親：じゃ、買い物が済んだら郵便局へ行ったら？
息子：うん、そうだね。そろそろ下りようか。

母親：エレベーター、来てる？

息子：1階だけだから、階段を使ってもいいんじゃない？

母親：そうね。

🎧（CD）

3番

留守番電話を聞いて、メモを取りました。正しいメモは、どれですか。

　こんばんは。加藤です。実は、来週、出張で札幌へ行くことになったので、もし、できたら、食事でもと思い、電話をかけました。来週の木曜日、2日から4日まで2泊3日の滞在予定です。宿泊先は、札幌パークホテル、電話は、011—511—3131です。もしよかったら、連絡をください。待っています。

🎧（CD）

4番

姉と弟が地図を見ながら、4月から住む部屋について話しています。弟はどこで部屋を探すことにしましたか。

女：浩二、4月からどこに住むの？　早く決めないと部屋がなくなっちゃうわよ。

男：うん、そうだね。いつまでもお姉ちゃんのところにいられないもんね。

女：そうよ。この部屋、狭いんだから早く引っ越してよ。

男：わかったよ。

女：やっぱり学校の近くがいいんじゃない？　あなたの学校、中目黒でしょ。探せば、近くに良いアパート、あるんじゃない？

男：あるけど、大学の近くだと、夜、突然友達に来られたりして、いやなんだよ。ここなんかいいんだけどなあ。

女：上り電車は、朝すごく込むわよ。

男：上り電車って？

女：東京の方に向かう電車のことよ。ここは毎朝、乗れない人もいるぐらい込むのよ。

男：えー、それはいやだなあ。じゃ、ここは？　上り電車じゃないし、渋谷にも近いし……。

女：ここはダメよ。どこも家賃がすごく高いんだから。

男：そうなの……。高いところには住めないしな……。仕方ない。やっぱりこの辺か。

女：そうね。交通費もかからないし、やっぱりここよ。

🎧（CD）

5番

二人の学生が旅行会社でパンフレットを見ながら夏休みの旅行について話をしています。二人はどこへ行くことにしましたか。

女子学生：あと1週間で夏休みね。

男子学生：早いね、日本へ来てもう2年。今年は、観光旅行をしてみたいと思っているんだけど、いっしょに行かない。

女子学生：来月早々に、用事で国に帰る予定があるけど、その前ならいいよ。

男子学生：候補はこの四つまでは絞ったんだ。僕はどれも行きたいから、この中から好きなのを選んでくれよ。

女子学生：わたしは生ものが苦手だから、食べ物中心のこのコースはパス。京都には行ったことがあるから違うところがいいわ。それと、あまり高いのもちょっと……。

男子学生：じゃあ、これがいいかな。僕の国には外でお湯に入る習慣はないからおもしろそうだなあ。

女子学生：そうね。せっかくだからほかの人たちも誘ってみよう。

🎧（CD）

6番

男の人と女の人がイベント会場の入り口でスケジュールの表を見ながら話しています。二人が行くイベントはどれですか。

男：わあー、盛況だね。さてと、どれに行こうか。
女：昼食も兼ねて、これははずせないわよね。
男：あ、それから、これもどう。おもしろそうだし、タダだし。
女：午後からだから、時間的にもちょうどいいわね。
男：えーと、じゃあ、今からあと1時間、どうする？
女：着物は？
男：いきなり行ってもだめだよ。ほら。
女：だいじょうぶ、だいじょうぶ。見るだけでもきれいで楽しいわよ、きっと。
男：ふーん、そういうものかな。まあ、いいや。つきあいましょう。

🎧 (CD)

7番

男の人と女の人が話しています。二人がこれから行く映画館はどれですか。

女：えっと、新宿の映画館は……と。「最後のラブレター」でいい？
男：うーん、恋愛物はおもしろくないけど……まあいいか。今、何時？
女：3時10分前よ。
男：もう始まっちゃってるぞ。次まで待つのは嫌だよ。「大逃亡」にしようよ。俺、見たかったんだ。
女：えー、やだぁ。
男：じゃあ5時半まで待つか？
女：でも6時にレストラン予約しちゃったし……。
男：だろ？　やっぱりこっちだな。
女：しかたないか。今度は絶対、「最後のラブレター」見るからね。どっちの映画館にする？
男：アクションだもん、もちろん大きいとこがいいな。迫力があって。
女：じゃあこの映画館ね。

*8*番

二人の学生が引っ越しについて、話しています。男の学生は、どのコースに決めましたか。

男子学生：荷物が増えてきたので、もう少し広い部屋に引っ越すことにしたんだけど、どのコースがいいと思う。

女子学生：予算はいくらなの？

男子学生：もちろん安い方がいいんだけど、自分で全部やると大変だから、ある程度やってもらえるところがいいな。今度のゼミで発表することになっているから、準備もあって、忙しいし。

女子学生：値段が手頃なのは、これだけど、自分で運ばないといけないし、時間が超過すると追加料金が必要になるよ。

男子学生：それは、ちょっとなあ。本当は、荷造りや荷解きをやってもらえると、楽なんだけど、これじゃ、予算オーバーかなあ。

女子学生：自分の荷物なんだから、荷造りくらい自分でした方がいいんじゃないの。ほかの人に見られて困るものとかも、あるでしょう。

男子学生：たしかに、そうだね。よし、じゃ、これでいこう。今日から荷造り始めなくちゃ。

---

*9*番

女の人が本屋の店員と話しています。女の人はどの問題集を買いますか。

女性：すみません。日本語レベル試験の問題集を探しているんですけど。

店員：はい。こちらになります。

女性：どれにしようかな。

店員：初めてお買いになるんでしたら、これなんかいかがですか。

女性：一応、参考書を買って勉強しているので、こういうのはもう要らないんです。

問題がたくさん載っているのがいいんですけど。

店員：あ、そうでしたか。では、こういった模擬試験形式のものがいいですね。過去問タイプと予想問題タイプがありますが。

女性：前にどんな問題が出たかやってみたいですね。えーと、こっちはCDがついているから、聴解の練習もできるんだ。あ、でも、高ーい。今日は、買えないわ。うーん、じゃ、これにします。

店員：かしこまりました。ありがとうございます。

🎧 (CD)

*10*番

先生がグラフを使って講義をしています。魚を表すのはA～Dのどれですか。

先生：「癒（いや）しの時代」と言われる今日ですが、ちょっと、このグラフを見てください。近年、ペットに癒（いや）しを求める人が増加しておりまして、特に犬を飼う人は毎年着実に増えています。一方、鳥は、セキセイインコ、文鳥など一時期愛好されましたが、79年以降、ブームが過ぎたようで下降し続けています。また、猫の人気がいまひとつなのは、欧米と違って、やはり日本の特徴と言えるでしょう。その点、魚はと言いますと、多くはありませんが、安定した愛好者層があるようで、2000年にはブームを過ぎた鳥を上回りました。犬や猫のように世話がかからず、「ペットお断り」の住宅でも飼えるというのが利点なのかもしれません。

🎧 (CD)

*11*番

スミスさんと山本さんがインターネットで野球の試合のチケットの発売状況を見ながら話しています。二人は、どの席のチケットを予約することにしましたか。

スミス：日豪（にちごう）親善野球のチケット、どれ買おうか。

山本：スミスさんの好きな選手が来るんでしょう？　思い切って、一番いい席にする？

スミス：うーん、近くで見たいんだけど、今月、アルバイトのお金、ほとんど使っちゃったんだ。つらいなあ。

山本：だったら、安いのにしようか？　これは。

スミス：外野は遠すぎるよ。だめ、だめ。

山本：じゃあ、指定の中で一番安い席は……ああ、もう売り切れてる。

スミス：もっと早く見ればよかったなあ。

山本：うん。でも、しょうがないよ。どうする。

スミス：うーん、これだったら、お金何とかなりそうだけど、まだ間に合うかなあ。

山本：よし、じゃあ、急いで予約の電話をかけてみましょう。

🎧 (CD)

*12*番

リンさんが先輩と話しながら、ノートに漢字の読み方を書いています。今、リンさんのノートは、どうなっていますか。

リン：もしもし、深田先輩ですか。

深田：おお、リンさん、どうしたの。

リン：あのう、あした、日本語の授業で漢字のテストがあるんです。で、ちょっとわからないのがあって。教えていただけますか。

深田：うん、いいよ。

リン：ええと、まず、時間のじ、ときという漢字に雨が書いてあると、何て読むんですか。

深田：ああ、しぐれ。冬の初めごろの降ったりやんだりする雨のことだよ。

リン：冬の初め……あの、氷の雨っていうのもあるんですけど、これも冬ですよね。

深田：そっちは、ひさめ。ほら、氷が降ってくることがあるじゃない。あれだよ。

リン：はあぁ。それから、五月の雨は。

深田：さみだれだね。今で言うと、梅雨のことだよ。

リン：え、つゆですか。

深田：うん。昔は、日本も陰暦だったんだ。で、古いカレンダーでは、五月が今の梅雨の時期にあたるんだよ。

リン：ああ、それで五月の雨が梅雨なんですね。じゃ、梅に雨って書くのと同じなんだ。

山本：いや、あの、意味はそうなんだけど、読み方は、つゆじゃなくてね。……

🎧（CD）

*13*番

男子学生と女子学生が食堂の券売機の前で相談しています。二人は合計でいくら買いましたか。

女子学生：へー、ここの学食って安いのね。

男子学生：でしょ。どれにする？　いっしょに買うよ。1000円札を入れて……、と。オレは牛丼の大盛り。

女子学生：ああ、大盛は別のボタンも押すんだ。わたしは天丼。300円で食べられるなんて、感激。あれ？　普通盛りのボタンはどこ？

男子学生：そのときは、何もしなくていいの。

女子学生：あと、いっしょにサラダ食べない？

男子学生：オレはいいや。あ、牛丼に生卵、入れよう。

女子学生：あーあ、蛋白質ばっかり。だめだめ、野菜もとらなくちゃ。だから、サラダは「大」！　で、「決定」ボタンはこれね。

男子学生：わー、1000円で足りたかな？　……あ、おつりが出てきた。ぎりぎりセーフ。

🎧（CD）

*14*番

男子学生が図書館のカウンターで話しています。男子学生は、これからどこへ行きますか。

男子学生：すみません。これを見たいんですけど。

図書館員：どれどれ。えーと、2000年の「ランゲージマガジン」全12冊と95年の8月16日の「毎朝新聞」ね。……じゃ、ちょっとこの表を見て。新聞の方は、縮刷版になっているから、ここに行けば、あるはずよ。

男子学生：本当だ。で、雑誌も同じところですね。

図書館員：違う違うよく見て。この閲覧室にあるのは、最近1年分のものだけなのよ。2000年のは、バックナンバーが置いてある所に行かなければダメなの。それにこれ外国の雑誌じゃないの？

男子学生：ええ。

図書館員：じゃ、こっちに行って探さなくちゃ。もし、なかったら、コンピューターで調べるから、もう一度、ここに戻ってきて。

男子学生：わかりました。どうもありがとうございます。

図書館員：いいえ、どういたしまして。

🎧（CD）

15番

女の人と男の人がゴミの収集日カレンダーを見ながら話しています。今日は何日ですか。

女：あ、ちょっとちょっと。今日は古新聞を出す日じゃないでしょう。

男：え、でも……。

女：ほら、このカレンダーに出てるでしょう。祝日がある週は……。

男：ああ、ほんとだ。いやー、知りませんでした。すみません。曜日で決まってるものと思ってたので。

女：じゃあ、この間、燃えるゴミの日に燃やせないゴミを出してたのも……。

男：ええ、ぼくです。間違えて出しちゃいました。ほんとにすみません。

女：いえ、いいんですよ。わかって良かったわ。あなた、引っ越してきたばかりでしょう。

男：ええ。これからは注意して出します。このカレンダーよく見て。

*16*番

教授がお酒の酔いのタイプに関するテストの話をしています。教授自身は、どのタイプに入りますか。

　今、皆さんにしてもらったのは、自分のお酒に対する酔いのタイプがわかるというテストなんです。一言で「酔っ払う」といっても、実は、お酒の影響を体に強く受ける人と、頭、つまり脳に受ける人がいます。今、皆さんにお配りした表の縦の軸は脳への影響、横の軸は体への影響を表しており、その数が多ければ多いほど、影響が出やすいということになります。たとえば、テストの結果が縦の軸も横の軸もプラスになった人は、脳にも体にも影響が出やすいわけですから、お酒にあまり強くないと言えますし、その逆に両方ともマイナスになった人は、お酒に強いということが言えます。僕のように脳には影響が出るけれど、体にはあまり影響が出ないという人は、楽しくお酒が飲めて、でも気分は悪くならないというタイプ。ちょっと聞いた感じでは、よさそうですが、このタイプは、アルコール中毒になりやすいので、注意が必要なんです。

*17*番

男の人と女の人が話しています。講演会が行われるのはどの建物ですか。

女：だれもいないわよ。講演会やるのって、ほんとにこの建物なの？

男：おかしいなぁ。きのう電話でちゃんと聞いたんだけど……。門を入って、左に曲がって、右側。学食と講堂の間……。間違ってないよなぁ。

女：もう、開演10分前よ。絶対おかしいわよ。えーっと、確か、パンフレットに地図が載っていたはず……（探す）。これ。

男：見せて。あ！　わかったー。俺たち、地下鉄の駅から歩いてきただろ？　だから、こっちの門から入ったんだよ。

女：電話の人は、JRで来ると思ったのね。こっちの門からの道を教えてもらっち

ゃったんだ。

男：うん。

女：じゃあ、こっちの建物ね。まだ間に合うわ。急ぎましょ。

🎧（CD）

*18*番

男子学生と女子学生が奨学金のお知らせを見ながら話しています。女子学生は、どの奨学金に申し込みますか。

男子学生：ああ、出てる、出てる。奨学金のお知らせ。わ、すごい、これ、月12万円ももらえるんだって。

女子学生：えっ？　何だ、よく見てよ。これ、大学院の学生が対象よ。

男子学生：ああ、ホントだ。

女子学生：こっちも高いけど、2年生以上だから、わたしたちは、無理ね。そうすると、わたしは、これに申し込んでみるわ。

男子学生：僕もそれにしよう……え、何、これ、対象になる国が決まってるの。ずるいなあ。差別じゃないか。

女子学生：まあ、まあ。こっちだって、いいじゃない。

🎧（CD）

*19*番

二人の学生がゼミ合宿について話しています。合宿はどこですることになりましたか。

女子学生：ねえ、今年のゼミ合宿、どこでやる？

男子学生：そうだねえ。夏だからやっぱり海じゃない？　ここなんかどう？　海がきれいで海水浴にバッチリだよ。

女子学生：えー、暑いのはいやだなあ。それに泳げない人や釣りをしない人はどう

するの？

男子学生：そうか。じゃ、ここは？　冬はスキーができる所だから、すずしいんじゃない？

女子学生：あら、いいわね。あ、でもここはダメよ。夏は泊まれないわ。

男子学生：あ、本当だ。

女子学生：やっぱり去年と同じ所でいいんじゃない？　学校から近いし、広いし。

男子学生：勉強だけ考えたら、そうだけど。せっかく合宿するんだから、少しくらいは楽しみがなきゃ。

女子学生：じゃ、ここはどう？　勉強の後に温泉に入って疲れをとるなんて、いいじゃない。

男子学生：うん。あまり遠くないし、すずしそうだし、ここにしよう。

🎧（CD）

20番

学生が先生の講義を聞きながら表を見ています。この表から何がわかりますか。

先生：近年、いわゆる「地球温暖化」が世界規模で懸念されるようになってきたことで、気温上昇への危機感はかなり強まってきましたが、川の水や大気の汚れと違って、まだまだ日々の生活では実感しにくいものです。そこで、こういった環境の変化を知るために年単位のまとまったデータは欠かせません。たとえば、皆さんの手元にある表をご覧ください。これは、東京における1年間の平均湿度、つまり空気中の水分の量を月ごとに表したものです。上段が昭和15年から昭和45年まで、下段が昭和46年から平成12年まで、それぞれの30年間の平均であります。どうですか？　どの月も確実に下がっていますね。1年間の平均では6%の差です。これを見てわかるように……

第5回

🎧 (CD)

*1*番

女の人が不動産屋の人と話しています。女の人はどの部屋の資料を見せてもらいますか。

不動産屋：この辺で、すぐにお入りになれるワンルームのお部屋ですと、こちらになりますね。これなんか、いかがですか。駅から近いし、新しいし、おすすめですよ。

女　　性：そうですね。これは、ちょっと……。

不動産屋：高すぎますか？

女　　性：ええ、できたら、7万円まででおさえたいんです。管理費がなければ、いいんだけど。一番安いのはここ……。あ、でも駅まで20分もかかるんじゃ困るなあ。

不動産屋：それではこちらかこちらですね。

女　　性：この分数みたいなのは、なんですか？

不動産屋：この4分の3って書いてあるのは、4階建ての建物の3階のお部屋ということです。

女　　性：そうなんですか。じゃあこれは1階のお部屋ですね。1階は、なんか危なそうなので、やめます。

不動産屋：わかりました。それではこちらのお部屋の資料をお出ししてみますね。

🎧 (CD)

*2*番

留学生のチンさんとパクさんが、メモを見ながら話しています。パクさんは、教科書を買うのに、いくら必要ですか。

パク：チンさん、教科書はもう揃えた？

チン：うん、昨日買ったけど。パクさんは買ったの。

パク：まだなの。今から、行こうと思うんだけど、ちょっと、このメモ見てくれる。とりあえずどれを買えばいいかな。

チン：この「憲法概説」は絶対いるよ。

パク：わあ、3千円以上するのね。こんなに高いなら、先輩のお古をもらいたいんだけれど、だれか持っている人、知らない。

チン：さあ、知らないな、でも、これは授業が水曜日に始まるから、自分のお金で買ったほうがいいと思うよ。それと雑記帳は、「③」だから間違えないようにしないとね。

パク：わかった。そうするととりあえず2冊必要なのね。

チン：そうだね。

パク：いろいろとありがとう。

🎧 (CD)

*3*番

教授がレポートの書き方について、説明しています。参考文献は、どのように書けばいいですか。

　えー、最後に参考文献の書き方なんですが、まず筆者、つまり書いた人の名前を書き、その後、それが発表された年を入れて書いてください。今回のレポートは、縦書きですから、数字も漢字でお願いします。いいですか。漢数字ですよ。それからその参考文献である論文や記事のタイトルをかぎ括弧に入れて書きます。次にその論文や記事が載った本や雑誌の名前を二重のかぎ括弧に入れて書きます。雑誌の場合は、そのナンバーも忘れないように。そして、最後にその本や雑誌を出版した会社の名前を書いてください。いいですか。筆者、発表の年、論文のタイトル、本の名前、出版社の順ですよ。これが守れなかった人は、減点しますから、気をつけてくださいね。

🎧（CD）

4番

女の人がファーストフード店で注文しています。女の人は、いくら払いましたか。

店員：いらっしゃいませ。ご注文がお決まりでしたらどうぞ。
女性：えーと、ハンバーガーとサラダください。
店員：それでしたら、セットはいかがですか。
女性：え、でもサラダが食べたいんですけど……。
店員：こちらのセットでしたら、サラダも付いておりますが。
女性：あ、そうね。でも私、飲み物は要りませんから。やっぱりハンバーガーとサラダだけでいいです。
店員：かしこまりました。お待ちください。
女性：あら、でも100円くらいしか変わらないのね。じゃあセットにしようかしら。
店員：はい。お飲み物は何になさいますか。
女性：コーヒーでお願いします。

🎧（CD）

5番

男の人と女の人がどの車両に乗るかについて話しています。二人はどの車両に乗りますか。

女：この電車、どうして「長崎・熊本行き」ってなってるのかなあ。
男：前より4両は長崎行きで、後ろより2両は熊本行きなんだよ。
女：わたしたちは長崎へ行くんだから、前のほうに乗らなきゃね。
男：うん。君、たばこ吸う？
女：吸わなくてもいいんだけど、2時間も乗ってるから、きっと吸いたくなっちゃうと思うの。
男：僕もそう。じゃ、吸える所に乗ろう。あ、ここは指定券がないとダメなんだ。
女：こんなにすいてるんだから、指定券買う必要はないわね。

男：うん、じゃ、この車両にしよう。

女：そうしましょう。トイレもあるし、ここがいいわ。

🎧 (CD)

6番

女の人が男の人にお茶を買ってきてくれるように頼んでいます。男の人がとったメモはどれですか。

女：あのう、張さん、お願いがあるんですけど。

男：何ですか。

女：今度、帰国したときに、中国茶を買ってきてもらえませんか。

男：いいですよ。ただ、中国茶といってもいっぱい種類がありますよ。何がいいですか。メモをとりますから、好きなのを言ってください。

女：はい。飲んだことがないのも多いので、楽しみです。中国にも緑茶があるんですよね。

男：ええ、ありますよ。買ってきましょうか。

女：日本のと飲み比べてみても楽しそうですね。じゃ、緑茶を 100ｇ。それからウーロン茶を 200ｇ。あと、白茶と呼ばれるのはどれだったかしら。

男：ジャスミン茶ですよ。お湯を注ぐと花が開くように広がりますよ。

女：楽しそうですね。じゃあ、ジャスミン茶にします。200ｇにしようかしら。でもあんまり多いと悪いから、ウーロン茶はやめておきます。日本にもたくさん輸入されてるし。で、緑茶をあと 100ｇいいですか。

男：わかりました。

🎧 (CD)

7番

学生二人がどの講義をとるか話し合っています。二人は、どの講義を履修しますか。

女子学生：ねえ、鈴木君、必修の「コミュニケーション論」、どの講義にするの。

男子学生：うーん、ほんとうは、異文化コミュニケーションとかやりたいんだけど、できれば、土曜は、来たくないなあ。それにこれもちょっとね。

女子学生：そうね。あなた、朝、弱いもんね。じゃあ、これはどう。「自己表現のテクニック」を学ぶなんて、おもしろそうじゃない。

男子学生：でも、これ、みんなの前でしゃべったりしなくちゃいけないんでしょう。そういうの苦手なんだよね。そうすると、これしかないなあ。……則子さんは、どうするの。

女子学生：わたしは、これ。前からマスコミのことやってみたかったんだ。

男子学生：へえ、君、偉いねえ。この先生、厳しいらしいよ。

女子学生：うん。でも、学生なんだから、そんなの当たり前でしょう。

🎧（CD）

8番

男の人と女の人が新聞の記事を見ながら話しています。二人が見ている表は、どれですか。

女：へー、この記事、見た？

男：どんな記事？

女：余暇活動参加状況のベスト6っていうの。人気があるのって、何だと思う？

男：そうだなあ。日本人はやっぱり海辺でのんびりバカンスってわけにはいかないだろうから、……カラオケ？

女：それは4位。で、自分が歌うんじゃなくて、聴く方は6位。

男：へー、どれどれ。ああ、同じ鑑賞でもビデオの方が多いんだ。なるほどね。……あ、わかるなあ、この2位と3位の差。

女：そうね。本当は一泊二日の温泉といきたいところだけど。日帰りの方が手軽だもんね。

男：ふん。

女：で、手軽といえば、やっぱり外食。どう、今度の土曜日？

男：なんだ。それが言いたかったのか。

🎧 （CD）

*9*番

男子学生と大学の職員がこれからどうするかについて話しています。学生はこれからどのような順序で行動しますか。

男子学生：すみません、財布を落としてしまったんですが、どうしたらいいですか。
大学職員：え、それは大変ね。でも、ここは教務課だから、学生課に行ったほうがいいわ。
男子学生：はい、学生課ですね。
大学職員：うん。財布には何が入ってたの？
男子学生：キャッシュカードと外国人登録証と学生証と……あとはお金です。
大学職員：そう。それなら、まず銀行に電話をして口座を閉じてもらって、それから警察に行って、紛失届を書かなきゃならないわよ。
男子学生：わかりました。
大学職員：どこで落としたの？
男子学生：大学の中なんですけど。
大学職員：じゃ、もしかしたら学生課に届いてるかもしれないから、電話する前に学生課に行ってみたら。
男子学生：そうですね。そうします。

🎧 （CD）

*10*番

学生二人がアルバイトの広告を見ながら話しています。男の学生は、どこに電話をかけますか。

女子学生：どう、いいバイトあった。
男子学生：それがなかなかね。これなんか、どうかな。
女子学生：えっ、だってこれ、朝までじゃないの。だめだめ、体、壊しちゃうよ。
男子学生：でも、あとは、どれも時給が安くて。

172　スクリプト

女子学生：これは、どう。ほら、1200円だって。

男子学生：いや、実は、僕、バイク乗れないんだよ。土、日は、サークルがあるし
　　　　　な。

女子学生：じゃ、こっちのレストランは。

男子学生：よく見てよ。僕は、お・と・こだよ。……やっぱりここしかないか。

女子学生：ええ、だいじょうぶかな。ねえ、毎日は、絶対だめよ。

男子学生：ああ、まあ、とりあえず電話だけでもかけてくるよ。

🎧（CD）

*11*番

男の人と女の人がガイド・ブックを見ながらハイキングのルートを選んでいます。
二人は上り下りそれぞれ、どのルートを行くことにしましたか。

女：あー、着いた。いい天気ねえ。ハイキング日和。

男：よし、今日は久しぶりに歩くぞー。

女：さあ、どのルートで行きましょうか？　ちょっとこのガイド・ブック見て。や
　　っぱり上りはたくさん歩いて、頂上でおいしい空気を胸いっぱい吸う。どう？

男：そして、いっぱい食べる、だろ？　賛成！　そうすると、これか、これだな。

女：どっちにする？

男：日ごろの運動不足解消には、こっちかな。

女：OK。せっかく来たんだから、ハードなのに挑戦しましょう。で、頂上でお弁
　　当食べて。下りはどうする？

男：帰りの電車のことを考えると、あまり時間がかからないこの2つだね。動物を
　　見て楽しむか、花を見て和むか、どっちがいい？

女：うーん、どっちもいいなあ。あ、でも、帰りに駅でお土産買う時間もほしいわ。

男：まったく、買い物が好きなんだから。それなら、早くふもとに戻ってきた方が
　　いいね。

女：じゃ、下りは最短コースのこれに、決定！

男：よし、じゃあ、出発！

🎧 (CD)

12番

保健センターの人が学生に体型のタイプについての話をしています。女の人がいちばんいいと言っているのはどのタイプですか。

えー、今、お配りしたのは、午前中に行った健康チェックの結果です。ちょっとご説明しましょう。まず、体型分析のところですが、上から体重、筋肉の量、そして体脂肪の量がパーセントで表されています。それぞれ100パーセントが標準になるわけですが、その数字で皆さんの体型のタイプがわかります。たとえば、体重に対して、体脂肪や筋肉の量が多い人は、肥満型。つまり太っているということになります。体重や体脂肪の量に比較して筋肉量が少ない人は、隠れ肥満型。このタイプの人は、外見は太っているように見えなくても、やはり少し運動不足だといえます。健康面から見て、理想的なのは、この逆。筋肉の量の数値が体重や体脂肪よりも多い人です。次回の健康チェックの際には、このタイプに近づけるように、食生活に気をつけ、適度な運動を行うようにしてくださいね。

🎧 (CD)

13番

男の人と女の人が自動車学校の広告を見ながら話しています。男の人は、どこの学校にしますか。

女：ねえ、春休みに車の免許取りに行くんだって？
男：うん。早く取りたいから、合宿免許にしようと思ってるんだ。ほら、これがパンフ。
女：へえー、合宿免許といっても、いろいろあるのね。
男：うん。学校ごとに特色があるんだよね。
女：わあ、これ。車は全部、ベンツだって。
男：あんまり関係ないよ。高級車じゃ、かえって緊張しちゃうしさ。
女：それもそうね。ねえねえ、ここ、安いわね。どうしてだろう？

男：ほら、一部屋にたくさん入れてるからじゃない？

女：なるほど。ここはどう？　一番早く取れそうじゃない？

男：うーん、早く取れるのはいいんだけど、僕、一人じゃないと眠れないんだよ。

女：あら、そうなの。じゃ、ここ？

男：うん。ちょっと高いけど、ここにしようと思ってるんだ。

🎧（CD）

*14*番

クレジット会社の窓口で男の人が加入申し込み用紙に記入しています。男の人が書いた紙はどれですか。

男性：はい、できました。申し込み書の名前のところ、これでいいですか。

社員：拝見します。……あ、恐れ入りますが、お名前は右詰めでなく左詰めでお願いいたします。それから、名字と下のお名前の間は……1字空けてありますね、はい、けっこうです。あ、あと、点々は1マス分使ってお書きいただきたいんですが……。

男性：ああ、たくさん間違えちゃった。すみません。

社員：いいえ。では、申し訳ございませんが、こちらの用紙にもう一度ご記入願えますか。

🎧（CD）

*15*番

男の人と女の人が大型電気店の入り口で話しています。二人は、今から何階に行きますか。

女：えーと、プリンタ、プリンタ、あった、3階か。よし、そこの階段で行こう。

男：違うよ。君が買うのは、プリンタのインクと用紙でしょう。それは、こっちじゃなきゃ、売ってないの。

女：ああ、そうか。じゃ、やっぱりエレベーターね。どこだっけ。

男：あのさ、僕、ちょっとビデオ見てきたいんだけど、いいかなあ。

女：ええ、ビデオって、あなた2台も持ってるじゃないの。

男：違う、違う、見る方じゃなくて、とる方だよ。

女：ああ、そうか。……わかった。じゃあ、30分後にここで待ち合わせしましょ
うよ。わたしも電子手帳とか見たいし。

男：OK。じゃ、また後でね。

🎧（CD）

*16*番

テレビ番組で解説員が話しています。カフェ・チェーン店「ステータス」を表す図
はどれですか。

解説員：こんばんは。「街角トレンド」の時間です。今日のテーマは最近街角で人
気のカフェ・チェーン店「ステータス」についてです。まず、「ステータ
ス」の特徴を見てみましょう。こちらの図をごらんください。
手ごろな価格でゆったりとおいしいコーヒーが飲めるというのがカフェの
理想でありますが、そのためには何らかのコスト削減策が必要です。
そこで、「ステータス」は他のチェーン店にはない画期的な2つの手段を
とりました。一つは駅から離れたこと。つまり、立地条件を下げたわけで
す。もう一つは完全なセルフサービス。店員数を抑え、コーヒーを入れる
以外、全て客に任せてしまうというやり方です。この方式は、意外にも
「店の雰囲気が静かで落ち着くし、気軽でいい」と、若い客層のみならず
幅広い客層の支持を得て、「ステータス」の店舗数はこの1年でなんと倍
になりました。不況が続く今日ではありますが、サービスや便利さ、価格
の安さよりも、味や雰囲気を人々が求める時代になったということが言え
るのではないでしょうか。

*17*番

女子学生が時刻表を見ながら駅員と話をしています。女子学生は、何時のバスに乗ればいいのでしょうか。

学生：明日の午後3時までに新宿に着きたいんです。何時の電車に乗ればいいでしょうか。

駅員：3時ですね。そうすると大月13時10分発「新宿行き　あずさ6号」なら間に合いますね。

学生：ということは、合宿所から大月までバスで30分掛かるから、この時間のバスを利用すればいいことになるんですね。

駅員：余裕を持ったほうがいいからもう1本前のにしたほうがいいですよ。

学生：そうね、そうします。

*18*番

男子学生と女子学生が電話で話しています。女子学生がこれから言う電話番号はどれですか。

男子学生：もしもし、友美さん。僕、鈴木だけど。

女子学生：あら、こんばんは。どうしたの。

男子学生：あのね、3月でお辞めになる森田先生のお別れ会のお知らせ、先輩たちにしなくちゃいけないんだけど、OB会の名簿、持ってる。

女子学生：あるわよ。ちょっと待って。……どうぞ。

男子学生：まず92年度生の斎藤先輩の電話が知りたいんだ。

女子学生：斎藤、……えっと、二人いるんだけど、漢字は、どっちを書くの。

男子学生：ちょっと難しい方だよ。たしか。中に示すって書く。

女子学生：ああ、書斎の斎か。じゃあ、経営学部の人ね。

男子学生：いや、社会学部のはずだよ。僕、ゼミもいっしょなんだ。

女子学生：ええ？　そんな人いな…あ、ねえ、その人、今は、田中さんって言うん
　　　　　じゃないの。

男子学生：ああ、そうそう、結婚して名前変わったんだ。

女子学生：わかった、じゃあ、言うわよ……。

🎧（CD）

*19*番

男の人と女の人がスポーツセンターの使用料金表を見ながら話しています。使用料
はいくらになりますか。

女：今度のスポーツ大会はバスケとピンポンをするのよね。

男：うん。だから体育室を借りるんだけど、大と小ではずいぶん料金が違うんだね。

女：バスケットボールコートは１面でいいんじゃない？　人数もあまり多くないん
　　だから。

男：でも、二つあったほうが並行してゲームを進められるし、時間的なことも考え
　　ると二つあったほうがいいよ。

女：そうか。会議室も二つ必要ね。

男：なんで？　スタッフの控え室に使うんだろ？

女：そうだけど、着替える部屋も要るでしょ。男用と女用。

男：更衣室は別にあるんだよ。

女：あ、そうなの。じゃ、一番小さいこれだけでいいわね。時間は？

男：１時集合で５時には終わる予定。

女：じゃ、ここの時間帯を借りるのね。わかったわ。予約してくるわ。

🎧（CD）

*20*番

アンさんが図書館で先輩に事典の使い方を聞いています。アンさんは、これからど
の事典を見ますか。

女：すみません、先輩。この事典、どうやって使うんですか？

男：ああ、背表紙のひらがなを見て……、例えば「江戸時代」だったら、最初の文字は「え」だろ？　だから、ほら、この事典の1を見るんだよ。

女：ああ、わかりました。わたし、授業の課題で「源氏物語」を調べなければならないんです。

男：だったら、「け」のところを……、あれ、だれかが使ってるみたいだね。じゃあ、この下の段の人の方で調べたら？

女：えっと、「源氏物語」を書いたのは……。

男：「紫式部」だよ。

女：え？　「清少納言」じゃないんですか？

男：あれ？　え？　いや、絶対に「紫式部」だよ。

女：そうですか。それじゃあ、「む」ですね。

解 答

第1回

1番 2	2番 3	3番 2	4番 1	5番 3
6番 1	7番 1	8番 1	9番 3	10番 2
11番 4	12番 4	13番 4	14番 2	15番 4
16番 1	17番 2	18番 2	19番 3	20番 2

第2回

1番 2	2番 1	3番 4	4番 2	5番 3
6番 2	7番 2	8番 1	9番 3	10番 3
11番 3	12番 4	13番 2	14番 3	15番 2
16番 3	17番 4	18番 2	19番 2	20番 2

第3回

1番 4	2番 1	3番 1	4番 4	5番 2
6番 1	7番 4	8番 3	9番 4	10番 2
11番 1	12番 3	13番 4	14番 2	15番 3
16番 4	17番 4	18番 4	19番 2	20番 3

第4回

1番 2	2番 1	3番 4	4番 2	5番 3
6番 4	7番 1	8番 2	9番 1	10番 3
11番 2	12番 1	13番 3	14番 4	15番 4
16番 1	17番 2	18番 1	19番 1	20番 2

第5回

1番 1	2番 4	3番 4	4番 3	5番 2
6番 4	7番 1	8番 1	9番 1	10番 1
11番 3	12番 2	13番 3	14番 4	15番 4
16番 2	17番 2	18番 4	19番 3	20番 3

著者略歴

落合太郎（おちあい　たろう）　国書日本語学校講師
金子さゆり（かねこ　さゆり）　東京日本語文化学校教務主任
小林則子（こばやし　のりこ）　上智大学大学院外国語学研究科言語学
　　　　　　　　　　　　　　　専攻在籍
　　　　　　　　　　　　　　　国書日本語学校非常勤講師

일본유학시험(EJU)
딱! 이렇게 나온다
「일본어 청독해」실전모의고사

초판발행	2003년 5월 30일
1판 5쇄	2019년 4월 15일
편저자	日本留学試験問題研究会
책임편집	서대종, 조은형, 신명숙, 무라야마토시오
펴낸이	엄태상
마케팅	이승욱, 오원택, 전한나, 왕성석
온라인 마케팅	김마선, 김제이, 유근혜
경영기획	마정인, 조성근, 박현숙, 김예원, 전태준, 오희연
물류	유종선, 정종진, 고영두, 최진희, 윤덕현
펴낸곳	시사일본어사(시사북스)
주소	서울시 종로구 자하문로 300 시사빌딩
주문 및 교재 문의	1588-1582
팩스	(02)3671-0500
홈페이지	www.sisabooks.com
이메일	book_japanese@sisadream.com
등록일자	1977년 12월 24일
등록번호	제300 - 1977 - 31호

ISBN_ 978-89-402-0474-3 18730